埃隆·马斯克传

人类"妄想"实验家

王晶◎著　陈润◎主编

团结出版社

图书在版编目（CIP）数据

埃隆·马斯克传 / 王晶著 . -- 北京：团结出版社, 2021.5
ISBN 978-7-5126-8693-9

Ⅰ. ①埃… Ⅱ. ①王… Ⅲ. ①埃隆·马斯克—传记
Ⅳ. ① K837.115.38

中国版本图书馆 CIP 数据核字 (2021) 第 051773 号

埃隆·马斯克传

王晶 著

出　　版：	团结出版社
	（北京市东城区东皇城根南街84号　邮编：100006）
责任编辑：	郑 纪
电　　话：	（010）65228880
发　　行：	（010）51393396
网　　址：	http://www.tjpress.com
E – mail：	65244790@163.com
经　　销：	全国新华书店
印　　刷：	三河市华东印刷有限公司

开　　本：	880mm×1230mm　1/32
印　　张：	9.5
字　　数：	200千字
版　　次：	2021年8月第1版
印　　次：	2021年8月第1次印刷

书　　号：	978-7-5126-8693-9
定　　价：	59.00元

丛书序

放眼全球，从优秀走向卓越

自1978年改革开放40多年来，中国充分利用全球化浪潮、国际产业转移的战略机遇，结合自身的人口红利、资源禀赋、制度创新等优势，形成全球独具竞争力的强大工业体系与巨大消费市场。与此同时，中国企业家不断学习、提升管理能力，从松下幸之助、杰克·韦尔奇到史蒂夫·乔布斯，在一波又一波学习全球著名企业家热潮中，实现了从跟随者、挑战者到引领者的跨越。

从优秀走向卓越的企业家，通常具备三大共同的优点：第一，持续学习，不断在对标中建立新的坐标，完成认知跃迁。第二，开放包容，主动吸收一切文明成果、先进技术，扬长避短。第三，敢于创新，从模仿、消化、吸收到自主创新，在准确把握市场需求的过程中拥抱变化。当今世界正经历着百年未有之大变局，外部政治、经济等市场环境都发生了深刻复杂的变化，我们更需要了解、研究全球著名企业发展的新故事、新思想、新趋势，而阅读传记就是很重要的学习方法之一。

在过去的两年时间里，由我创办的润商文化联合团结出版社、曙光书阁一起，共同启动"中国著名企业家传记"丛书的调查研究和出版工程，聚集业内知名财经作家组建团队，花费大量时间进行专题研究和创作，陆续出版了任正非、马云、雷军、董明珠、李嘉诚、周鸿祎、彭蕾、段永平等十几部中国著名企业家传记，市场反响热烈。

由此发端，我们将视野放大至世界范围，在全球巨擘中筛选值得书写的企业家传记，立足当下，为企业家、创业者、管理者留下一些可供参考和研究的文字。我们首批推出《摩根传》《埃隆·马斯克传》《彼得·彼得森传》三部作品，以他们的故事激发中国企业家释放出创造力和领导力，带领企业走向新的繁荣。

当时代的脚步迈向21世纪第二个十年，中国企业家既迎来空前机遇，又面临新的挑战：企业转型升级、品牌价值重塑、精神文化复兴。成功的企业家不仅要满足客户、成就员工、回报股东，更应该实现自我，以管理智慧、商业思想、人生哲学塑造人格品牌和企业文化，形成超越行业、引领未来的时代影响力。

"立德、立功、立言"，此乃儒家追求，也是人生大道。在过去十年间，润商文化秉承"以史明道，以道润商"的使命，汇聚了一大批专家学者、财经作家、媒体精英，专注于企业案例研究与传播，为优秀企业立传塑魂。我们不仅为招商局、华润、戴尔（中国）、美的、用友、卓尔、光威等数十家著名企业策划出版过具有影响力的图书作品，将优秀作品版权输出海外，而且出版了近百部研究企业文化、企业思想、企业史的财经图书，堪称最了解中国本土企业管理和商业模式的知识服务机构之一。

一直以来，我们致力于实现文化工作者的梦想——为有思想的企业提升价值，为有价值的企业传播思想。作为中国商业观察者、记录者、传播者，我们将聚焦于更多中国标杆企业、行业龙头企业、区域领导品牌、高成长型创新公司等有价值的企业，不断推出更多优秀企业案例作品。我们推出"中国著名企业家传记丛书""世界著名企业家传记丛书",正是出于对重塑中国商业文明的使命感、责任感。

通过两大系列传记丛书的调查研究和出版工程,我们希望为更多中国企业汲取前行的智慧和力量,为读者在喧嚣浮华的时代打开一扇窗:

在这个美好的时代,每个人都可以通过奋斗和努力,成为想成为的那个自己。

"世界著名企业家传记"丛书主编

2021 年 4 月 28 日

序

有超级梦想的超级企业家

美国《纽约时报》这样评价埃隆·马斯克（以下简称马斯克）："世界上最成功、最重要的企业家。"

英国《每日电讯报》这样建议世人："如果你没有偶像，埃隆·马斯克就是你的首选。"

史蒂夫·乔布斯去世后，硅谷一直在寻找一个能够代替史蒂夫·乔布斯的新人物，而马斯克无疑是最热门的候选人。

人类在蒸汽机、火车、汽车、电灯、电话、电报、计算机这些伟大的发明之后，已经很久没有科技突破了。这也是大家热衷讨论史蒂夫·乔布斯和马斯克的原因所在——因为他们总是能将一些天马行空的想法付诸现实。

雷军如此感慨道："我们干的事好像别人都能干，但埃隆·马斯克干的事，我们想都不敢想。"

马斯克与史蒂夫·乔布斯一样，都是为改变世界而生的人，都有着强大的"现实扭曲力场"（Reality Distortion Field），引领停滞已久的传统行业进入新的航道。史蒂夫·乔布斯无疑已经是一个名垂青史的传奇人物了，而喜欢马斯克的人们认为，马斯克也必将成为一个名垂青史的传奇人物。

很多人都知道，马斯克的终极目标是要将人类送到火星上去生活。但是，移居火星需要制造出具有足够运力的火箭和飞船，而此类星际交通工具在20世纪60年代人类首次完成登月之后，由于耗资巨大等问题没有了下文。伟大者之所以伟大，常常是因其所做之事对于常人而言如同"疯子"一般。当全世界都因各种原因将星际运载研发活动搁置之时，马斯克却决定靠自己的力量去推动这一事业，于是便有了SpaceX公司。

伟大的梦想家通常不是我们常人所能理解的。世人嘲笑他："这就是一个异想天开的疯子！"世人咒骂他："这就是兜售虚假希望的骗子！""一个打着技术革新的幌子、戴着拯救人类伪善面具到处招摇撞骗、唯利是图的商人！"媒体同样也是笔诛墨伐："哪里有政府的补贴，他就投资哪儿，他创办SpaceX公司、特斯拉公司和太阳城公司，都是冲着政府补贴而来。"即便如今特斯拉已经上市了，还是有很多人认定它在破产边缘挣扎。

舆论的攻击并不可怕，最可怕的莫过于资本的不看好。高盛、摩根等国际投行纷纷看空特斯拉，众多对冲基金更是大力做空特斯拉，更有"专家"甚至测算出了特斯拉的具体死亡时间。不过幸运的是，还是有不少人认可并愿意投资马斯克。PayPal创始人之一、风险投资家彼得·蒂尔说："尽管全世界仍然在质疑埃隆，但我认为有问题的其实是这个世界，而不是埃隆。"

马斯克最终用实际行动证明了他不是疯子，也不是空想家。仅仅6年的时间，"猎鹰1号"火箭成功发射；紧接着"猎鹰9号"火箭实现了史无前例的回收发射；"龙飞船"更是向国际空间站多次运送物料，并成功把人类送到了太空。将人类送到火星的梦想，似乎越来越接近。

特斯拉也从之前的无人问津变成如今人人追捧的香饽饽。2021年1月8日，特斯拉股价大涨，马斯克净资产达到1850亿美元，超越亚马逊创始人杰夫·贝索斯，成为新世界首富。做空者只好缴械投降。

马斯克穿越群嘲，成为笑到最后的人，然而，还是有人将其成功归为幸运。人们乐意为英雄鼓掌和唱赞，把他所取得的成就视为"奇迹"，却选择性忽略其背后所付出的代价。

自 2001 年因疟疾卧床不起后,马斯克的休假时间从未超过一周。以前,他每周基本都会工作 120 个小时左右;直到如今,他一周也会工作 80 到 90 小时。如此大的工作量并不代表他真的就是"钢铁侠",这都是以长期吃安眠药换来的。世人会刻意神化自己的偶像,但是我们要知道,"伟大者"只不过是普通人对他们的称颂,归根结底他们还和我们一样——是普通人。马斯克也会因焦虑而睡不着觉,也会有崩溃的时候。

在特斯拉最艰难的时候,尚在襁褓中的儿子夭折,他闭口不谈痛苦,以更加饱满的状态投入工作。在事业和家庭之间,他果断选择了事业。妻子无法忍受马斯克这样的选择,决定与其离婚。站在公允的角度上看待这件事,我们不能怪其前妻对马斯克的愤恨,毕竟人之为人必因其所独有的价值观而导向不同的选择,不必说谁好谁差,仁者见仁智者见智。

为了获得航天、新能源方面的政策支持,多年来他都背负着像个小丑一样"巴结"政客的骂名。有统计显示,SpaceX 公司自 2002 年成立以来,一共捐款 400 万美元,其中 80 万美元是政治捐款。被骂得多了,马斯克最后只好承认:"我是民主党的捐款大户,捐给共和党的也不少。为了让你的主张被华府听到,你必须舍得政治捐款。"

可以说,为了实现自己的超级梦想,马斯克赌上了一切,包括个人财产、生命以及婚姻幸福。尽管他和史蒂夫·乔布斯一样,身上有很多缺点,情商低、患有"智商轻视症"、冷酷无情、独断专行、反复无常、爱折腾人甚至撒谎,但在卓越的成就面前,这些似乎都不值一提。全世界优秀的极客在他的感召下加入 SpaceX、特斯拉,甘愿忍受各种艰苦的条件,长时间勤奋工作。在他们的心中,和马斯克一起去做前无古人的创新事业,是一件无比骄傲的事情。

尽管他六亲不认,但谷歌创始人拉里·佩奇经常收留"无家可归"的他,总是在他事业遇到困难的时候给他投资。可是当拉里·佩奇进军 AI（人工智能）的时候，马斯克却"翻脸不认人"，他认为"他可能会不小心制造出邪恶的东西来"，于是，创办了和人工智能死磕的 OpenAI。和人工智能正面抗衡，他还嫌不够，为了防止人工智能入侵后人类一败涂地，他还成立了 Neuralink 公司，专门研究人脑和机器链接。但是这些，并不妨碍他们的友谊，拉里·佩奇曾如是表态："我宁愿死后把财产捐给像马斯克这样的人来改变世界，也不愿捐给慈善机构。"

出发点是拯救人类和地球，而不仅仅是追求商业成功，这是马斯克最值得我们尊敬的地方。他创办公司从来不是为了赚钱，如果是为了赚钱，他早期在创立 Zip2 和 X.com 实现财富自由之后，大可不必冒险进军宇宙火箭、电动汽车、太阳能发电这些吃力不讨好的领域。对唯利是图的创业，马斯克历来是不屑一顾的。他对于创业的一贯态度是，创新改变世界，为人类开拓新的道路。

马斯克曾在采访中说过："有五个领域将深刻影响人类的未来：互联网、新能源、太空探索、人工智能和生命科学。"如今，他已经成功地在这些领域取得了重大成就。在完成这些看似绝无可能的任务之后，他依然没有停歇的意思，继续野心勃勃地探索着拯救人类和地球的新项目。

在这里，与其说是我们崇拜马斯克，不如说我们渴望惊喜。

目　录

第一章　成功起步于冒险——从南非到美国

经常被霸凌的小书虫 / 003　　10 岁编程，12 岁做出游戏软件 / 006
外祖父植下的"飞天梦" / 010　　离开南非，远渡加拿大 / 013
移居"创造奇迹的国度" / 017
小结：敢于追求，"妄想"才能变现实 / 021

第二章　浪潮来了义无反顾——从斯坦福退学创业

叛逆的斯坦福物理学博士 / 027　　向互联网公司求职惨遭拒绝 / 031
三千美金创办"Zip2" / 034　　年轻气盛失去公司控制权 / 037
被电脑巨头康柏高价收购 / 040　　小结：比别人多干两倍的工作 / 043

第三章　"创业瘾君子"——创办 PayPal

"All in"创办 X.com / 049　　竞争对手变合伙人 / 053

像乔布斯一样被赶出局 / 056　　PayPal 被 eBay 收购内幕 / 059

"PayPal 效应" / 062　　小结：不拘一格凝聚人才 / 065

第四章 改变世界的激情大于金钱——创办 SpaceX

向 NASA 发起挑战 / 071　　四处兜售想法 / 075

燃料泄露，火箭坠落 / 079　　"猎鹰 1 号"发射成功！ / 083

拿到巨额订单 / 086　　小结：低成本撬动大梦想 / 089

第五章 找到撬动世界的杠杆——创办特斯拉

以投资者的身份创办特斯拉 / 095　　莱昂纳多想拥有的 Roadster / 098

与公司创始人决裂 / 101　　"特斯拉将要倒闭" / 105

悬崖边上渡过一劫 / 108　　成为下一个通用 / 112

长袖善舞的融资达人 / 114　　小结：持续专注工作 + 疯子般坚持 / 116

第六章 在危机四伏中壮大——特斯拉上市并盈利

年年赤字却不影响上市 / 121　　Model S 为特斯拉扳回一局 / 124

差点被卖空者推到破产边缘 / 127

在行业低迷时期大力建厂 / 131

完败两大竞争对手 / 134　　来自传统汽车的刁难 / 137

硅谷俱乐部的灵魂 / 140　　小结：只有偏执狂才能生存 / 143

第七章 开放但不好相处的经营者——特斯拉管理法则

不设独立办公室，只有一张办公桌 / 147　　"特斯拉是一家硅谷公司" / 150
不遗余力从苹果公司挖人 / 153　　把谷歌公司作为学习标杆 / 157
自主创新掌握核心技术 / 161　　公认"不好相处"的老板 / 164
小结："现实扭曲力场" / 168

第八章 务实的理想主义者——进军中国

特斯拉商标被抢注 / 173　　三易主帅，艰难开局 / 176
一个公正的价格 / 179　　马斯克高调访华 / 182
上海超级工厂成立 / 186　　来自中国的竞争对手 / 188
"特斯拉VS拼多多" / 191　　让对手颤抖的降价狂魔 / 194
小结：谋全局＆谋大势者 / 197

第九章 善于打"组合拳"的高手——拯救太阳城

太阳城最大股东 / 201　　太阳城公司上市 / 205
盲目扩张中陷入危机 / 208　　力排众议收购太阳城 / 211
到欧洲和中国去发展 / 214　　重回太阳能市场领导者 / 218
小结：成为市场领导者的三个关键 / 220

第十章 为拯救地球血战到底——"全面开花"

人类首次实现火箭回收 / 225　　载人航天试验成功 / 228
野心勃勃的星链计划 / 231　　成为全球首富 / 235
超级高铁梦 / 238　　反对 AI 统治人类 / 241
脑机结合 Neuralink / 244　　特斯拉卖龙舌兰酒的背后 / 247
小结：不忘初心，方得始终 / 250

第十一章 和事业一样疯狂的私生活——"花花公子"

硬核母亲的精彩人生 / 255　　家庭与事业难以兼顾 / 260
和科幻作家贾斯汀离婚 / 265　　焦头烂额不忘结识新欢 / 268
疫情期间迎来第六个儿子 / 271　　影视剧中的常客 / 274
小结：强势性格的利与弊 / 277

附录

大事记 / 279
参考文献 / 285
后记 / 288

第一章

成功起步于冒险

——从南非到美国

埃隆·马斯克，1971年出生于南非共和国。童年的他对太空充满好奇，对改变地球也充满"妄想"。他曾经和所有的孩子一样，对无边的黑暗充满了恐惧，但自从习得"所谓黑暗就是缺少光子"的知识后，他就再也不害怕黑暗了。12岁时，他便能做出游戏软件，并卖了500美元。为了追求梦想，他17岁离开自己的祖国前往加拿大，之后移居美国，原因是，他认为美国是一个可以创造奇迹的国度。马斯克说："我从小就知道自己长大了要做什么，我希望能够从事尖端的工作，或者做影响世界未来的事情。"

经常被霸凌的小书虫

1971年6月28日,埃隆·马斯克(Elon Musk,以下简称马斯克)出生于南非共和国东北部的一座城市——比勒陀利亚。是年,美国的两名宇航员实现了人类历史上首次载人月球车行驶。

与一般人对非洲贫瘠的印象不同的是,马斯克生长在一个富裕家庭,并接受了很好的教育。其父亲埃罗尔·马斯克(Errol Musk)是一名英荷混血的电气工程师,依靠过人的智慧,在工程咨询和房产开发领域早早实现了财富自由。不过,他父亲的发家史没少靠岳父的支持。

母亲梅耶·马斯克(Maye Musk)出生于加拿大,2岁时随父母搬到了南非,她的原生家庭很富裕。梅耶·马斯克和埃罗尔·马斯克在同一个街区长大,在梅耶·马斯克11岁那年两人相遇,自此,埃罗尔·马斯克开始执着地追求梅耶·马斯克,两人分分合合了很多次,最终在梅耶·马斯克父亲的撮合下,他们于1970年结婚了。梅耶·马斯克在蜜月期间即怀上了马斯克,随后两年又生下了马斯克的弟弟金巴尔·马斯克(Kimbal Musk)和一个妹妹托斯卡·马斯克(Tosca Musk)。

2015年,清华大学经管学院院长钱颖一曾经对话过马斯克[1]。采访当中,钱院长问道:"火箭是如此高精端的技术,而你几乎是自学成才,

---

[1]《钱颖一对话马斯克:SpaceX的来龙去脉》,2015清华管理全球论坛,2015年10月22日。

你的学习秘密是什么?"马斯克笑着说:"就是读很多书。"

在弟弟妹妹和周围的小伙伴都还在兴高采烈地玩各种玩具的时候,马斯克已经开始阅读《基地》《银河系漫游指南》等科幻图书了。受父亲埃罗尔·马斯克的影响,马斯克自小就喜欢同与科学有关的事物打交道,例如科幻、科普图书。

马斯克出生时,世界正处在冷战期间,美苏之间开启了一场规模宏大的太空争霸战,彻底激发了人们对太空的向往。尼尔·奥尔登·阿姆斯特朗的那句"这是我个人的一小步,却是人类的一大步",影响了无数热血澎湃的年轻人。

与此同时,各类题材的科幻图书和影视作品,层出不穷地涌现到市场上。受此时代环境的影响,马斯克自然对此产生了无尽的兴趣。马斯克坦言,科幻大师艾萨克·阿西莫夫的《基地》,给他的太空梦种下了种子,而他小时候最爱的书莫过于《银河系漫游指南》。与同龄人一样,在阅读完这些作品之后,他也会禁不住对着浩瀚的星空展开无穷想象。但和大多数人不一样的是,在那时候他便坚信自己在未来会实现这些看似遥不可及的梦想。

通过阅读获取知识,从而改变世界,这是马斯克一直坚信不疑的事情。他曾经说过:

> 如果我们有办法让全世界的知识愈来愈进步,我们将更有能力问出对的问题,让智慧、精神得到更多的启迪。

在实现宏伟梦想之前,和所有"书呆子"的命运一样,马斯克在学校备受同龄人欺负,因为看书多,懂得多,马斯克会充满学究气地纠正同伴的错误。虽然他讲得很认真,但难免会给人显摆的感受,同龄人自然看他不顺眼。在他的记忆里,他要经常躲避这些恶棍,但他们还是会通过各种方法欺负他,更可怕的是,这种情况持续了很多年。很长一段时间里,学校被马斯克视作梦魇之地,他吵着要退学,但每天早上还是会被父母强制送到学校。

在这样的环境影响下,马斯克不得不将自己的注意力转移到另外一个世界——人类未曾探索过的领域,以期躲避来自周遭环境的恶意。马斯克在功成名就后不止一次说过:"我是在读书中长大的,然后才是父母的养育。"[1]

---

[1]《〈滚石〉专访:钢铁侠马斯克的"摇滚"人生》,公众号"译指禅"(yizhichan007)编译,译者:大怪兽。

10 岁编程，12 岁做出游戏软件

1979 年，马斯克的父母离婚了。事情一点儿都不突然，性格不和，加之埃罗尔·马斯克的家暴行为，让梅耶·马斯克决定不再忍受。

梅耶·马斯克在自传[1]中透露，她在蜜月期怀上马斯克的时候，埃罗尔·马斯克就对她进行家暴；在生马斯克之前，她还得刷飞机上的漆，因为宫缩严重，埃罗尔·马斯克嫌弃她动作太慢；分娩之际，因为等的时间长，丈夫很生气地走了；后来听说岳父遭遇空难，埃罗尔·马斯克立马想着瓜分财产，被梅耶·马斯克的家人拒绝后，他要求梅耶·马斯克与自己的亲人断绝联系；失去家人保护的梅耶·马斯克，被埃罗尔·马斯克变本加厉地家暴。

多年来，梅耶·马斯克一边为了三个孩子默默忍受着折磨，一边寻找各种离婚的可能。在南非共和国，家暴不能作为离婚的合法理由，一直到了 1979 年，新的《离婚法》出炉，梅耶·马斯克才提出了离婚诉讼。

离婚并不顺利，埃罗尔·马斯克曾经提着刀在街上追砍梅耶·马斯克。最终的结果是，梅耶·马斯克带着女儿净身出户。

后来，事业成功的马斯克接受《滚石》杂志采访，谈到他的父亲

---

[1]《人生由我》，（美）梅耶·马斯克著，代晓译，中信出版集团，2020 年 6 月。

时当场落泪:"我父亲会制定深思熟虑的邪恶计划,然后执行。你不知道他有多糟。几乎所有你能想到的罪行,他都做过!我最憎恶的不是那些在创业时对我冷嘲热讽的人,也不是在我低谷时离我而去的人,而是我的父亲。虽然父亲不会对我采取直接的肢体暴力,但却给年幼的我留下了至深的精神压抑。"

埃罗尔·马斯克的残暴,也被他的第二任妻子证实过。埃罗尔·马斯克的第二任妻子在婚礼结束后就离开了他。两个受伤的女人,后来成为朋友,在谈起埃罗尔·马斯克的残忍时,共同话语有很多。就连马斯克本人,在功成名就之后也没有与父亲和解。他们甚至还几度隔空"辩论"。

埃罗尔·马斯克曾对媒体讲,马斯克之所以如此成功,是因为遗传了他的优秀基因,并且他给马斯克提供了那么好的生活条件。他说这些的时候,马斯克还能保持沉默,当他号称提供一大笔钱资助马斯克兄弟创业的时候,马斯克就爆发了:"他在我上大学的时候就没给过一分钱,别说创业帮我们的鬼话了!我和弟弟都是自己拿奖学金,在妈妈的帮助下同时兼职打工来支付大学学费。""我父亲根本没有翡翠矿,我在读大学时甚至欠下了大约10万美元的学生贷款债务。在第一次创业的时候,我甚至买不起第二台电脑。所以,我只能用一台电脑晚上编程,白天支持网站运行。"

马斯克如此痛恨父亲,倒不是因为父亲对母亲不好。父母离婚之后,马斯克兄弟做了一件令母亲伤心同时也让他本人后悔不已的事情——他们为了优渥的生活条件,选择跟父亲生活。毕竟,这里有大量的书籍可供阅读,父亲还愿意在计算机和其他一些马斯克兄弟喜欢的事情上花钱。跟着父亲,还可以享受海外旅行。这些对于孩子来说,是有极大诱惑力的。

客观上讲,当时梅耶·马斯克净身出户,靠做模特养活女儿一个人尚属不易,养活三个孩子确实太艰难了。但兄弟俩的选择,还是让母亲伤透了心。回忆起与两个儿子分别时的情景,梅耶·马斯克说:"那时我伤心欲绝,暴饮暴食,胖了近20公斤。"那年,她才31岁。

兄弟俩以为父亲会对他们照顾有加，可惜他们很快就发现想错了。搬家之后，他们与父亲的关系陷入了僵局。马斯克在接受《滚石》杂志的采访时说，他和父亲住在一起，"这不是一个好主意"！

"花花公子"父亲没空照顾他不说，还经常从精神上打压他。为了转移家庭变故对自己带来的伤害，马斯克开始沉迷于另外一件事：玩电脑。1980年，马斯克得到了人生第一台电脑——Commodore VIC-20型计算机。购买这台计算机的时候，随机赠送了一本BASIC汇编语言教学手册，马斯克如获至宝。10岁的他竟然用3天时间自学完了大多数人需要6个月才能学懂的电脑编程教材。对此，父亲竟这样给他浇冷水："电脑就是个浪费时间的东西。"除了嘲笑，父亲还会惩罚他和弟弟，每当父亲对他们训话的时候，会要求他们4个小时不能说话或有小动作。

而最让马斯克心冷的是，他和弟弟选择父亲的最大愿望是希望有朝一日父亲能带他们去美国，为此马斯克曾多次试图说服父亲搬到美国，并经常表达自己想去美国定居的想法，但换来的都是严厉的训斥。父亲不仅驳斥他的想法，还解雇了管家，让马斯克兄弟把所有家务活儿做完，让他们体验没有管家和保姆的美国式生活。

父亲的行为并没有迫使他放弃对于知识的追求，马斯克读书读得更用心了。根据弟弟金巴尔·马斯克的说法，马斯克每天都会看完不同学科的两本书，"如果你一个月读一本书，马斯克的阅读量已经是你的60倍了"。

在此情况下，马斯克也没有放弃编程的爱好。12岁那年，他用代码编写了一个名为"炸弹"（Blastar）的太空游戏软件，在母亲的鼓舞下，他投稿给南非一个名叫《个人计算机和办公技术》的电脑杂志，赚到了人生的第一桶金——500美元。这是马斯克第一次走进大众视野，因为当时没人相信一个12岁的孩子可以设计开发软件。这款马斯克自称比《疯狂的小鸟》更好玩的游戏，灵感来源于科幻小说的太空场景，虽然技术难度不大，但远超12岁孩子的能力范围。杂志的报道者评论道："游戏的制作者已经在头脑中形成了伟大的太空征服计划。"

马斯克曾说过:

在我们家,无论做什么事情,都要先想好,一旦开始着手去做了,就不应该中途放弃。

这个习惯来自马斯克的母亲——梅耶·马斯克,她是一位坚强的母亲。时间不久,马斯克兄弟便离开了自己的父亲,去与母亲梅耶·马斯克共同生活。为了养活3个孩子,母亲在从事模特工作的同时,还兼职做了4份临时工。在生活条件稍能够喘过气来的时候,她果断创办了一家模特事务所和一家营养咨询公司。梅耶·马斯克用自己的行动为孩子做出了榜样,即使生活再艰辛,也不能被它打倒。她总是这样教育孩子们:"坚持做你所热爱的事业,不论是哪一个领域。即使你已经做到了最好,你仍有失败的可能。但选择热爱的,生活便不曾被浪费。"

很多人喜欢拿苹果创始人乔布斯对比马斯克,说他们都因深受原生家庭之痛,敏感而孤独,因而才将安全感建立于其他维度上的事务,也因此成就了他们独特的气质,他们会用自己的倔强来对抗现实世界。

但真正了解他们之后,我们会发现,马斯克显然要比乔布斯幸运多了,乔布斯是一个完全被父母抛弃的孩子,但他在自己的传记中却说,他甚至有点感谢这种遗弃——让他逼迫着自己更加卓越。相比而下,马斯克至少还有梅耶·马斯克这样一位优秀的母亲。母亲的无私付出,至少让马斯克感到了人间的温暖,同时母爱也给予了他成就卓越的底层力量。对比之下,父亲的冷酷无情,则对马斯克起到了"反作用力",刺激他不懈努力,去过上体面又富有力量的人生。从这个维度上看,他们两个人都是内心强大的人,善于把生活的暴击转换为事业动力。

外祖父植下的"飞天梦"

马斯克和谷歌创始人拉里·佩奇私下是好朋友,据拉里·佩奇爆料,马斯克喜欢玩重口味的危险游戏,例如,他曾经让一个掷飞刀的杂技玩家,把夹在自己两腿之间的气球扎破。

马斯克是一个骨子里追求刺激的冒险王。他的员工也作了证实:"我们的老板有着惊人的洞察力和十足的魄力,做决定时不惧任何风险。"

这种爱冒险的劲头很早就在他身上显现出来了。尽管青少年时期的马斯克是个十足的书呆子,但他又和懦弱的书呆子不一样,他喜欢四处探险。他经常会领着弟弟金巴尔·马斯克和他的表兄弟罗斯·里沃、林登·里沃及彼得·里沃(这些表兄弟后来也有跟着他创业的,后文会提到)去冒险。

马斯克最喜欢干的事情是,带着大家在家自制火药和火箭。他会亲自动手制作化合物,把硝石、硫黄和木炭这些火药的基本成分,与强酸和强碱混合在一起,装进罐子里,然后冒着被炸掉双手的风险,到户外去测试爆炸效果[1]。

在家附近玩腻了的时候,马斯克还会组织大家到户外骑行。有一次,在沙地里进行骑自行车比赛的时候,弟弟金巴尔·马斯克从车子上摔下

---

[1]《硅谷钢铁侠:马斯克的冒险人生》,(美)阿什利·万斯(Ashlee Vance)著,周恒星译,中信出版社,2016年4月。

来，撞到了布满倒刺的铁丝网上。最刺激的一次冒险是，他们背着家人去约翰内斯堡旅行。当时南非共和国种族冲突还很严重，暴力事件时有发生，从比勒陀利亚到约翰内斯堡是一段极为危险的旅程。一路上他们见到了很多从未见过的野蛮行为。但他们没有被这些可怕的行为吓倒，反而对生命的意义有了不一样的认知，觉得人活着不能仅为了一份稳定的工作，如果不能为这个疯狂的世界做点什么，实在很无趣。

高中时期的马斯克突然变得有魅力了些，他组织的冒险游戏，深得弟弟和表兄弟们的喜欢，他们的关系变得越加亲密起来，这也为他们后期一起创业打下了情感基础。正如马斯克的妹妹托斯卡·马斯克所言，整个马斯克家族都崇尚冒险。她曾经在接受采访时说过："虽然听起来有点儿哗众取宠的感觉，但我的家族确实与别人不一样，更愿冒险。"

在不确定的环境里，冒险精神是极为稀有的资源。而对于马斯克而言，冒险更多是一种天性，那么马斯克的冒险基因来自哪里呢？追根溯源，大约来自他的外祖父。

马斯克的外祖父约书亚·诺曼·霍尔德曼出生在美国明尼苏达州中部小镇佩科特，从小就是一个体格矫健但性格古怪又特立独行的人，他最喜欢做的事情是驯服野马、拳击、摔跤和牛仔竞技。长大后本来顺利拿到了大学文凭，却又自愿回家当农夫。

再后来，在加拿大结婚生子之后，他仍然不放弃尝试新事情的业余爱好，开始学习驾驶飞机并购买了私人飞机。结婚前，他一个人"疯"；结婚后，和妻子两个人一起"疯"。据说，他和妻子曾经把孩子放在一架单引擎飞机的后座上，带着他们在北美洲大陆四处游历，两人还出版过一本名为《飞行的霍尔德曼家族：可怜一下这个穷苦的飞行员吧》的书。

1950年，已经在加拿大事业稳定的他，却突然决定放弃一切，卖掉自己的大房子、舞蹈教室和按摩诊所，匆匆忙忙地搬到了南非。他把自己心爱的私人飞机拆解后带到了南非，到了南非之后，再重新组装好，然后驾驶飞机横穿整个国家，寻找心仪的居住地。最终，他在比勒陀利亚定居下来，重新开了一家按摩诊所，以此维持生计。业余时间,他便和妻子继续去探险,他们多次自驾飞机飞掠过非洲南部的卡拉哈里沙漠,只是为了寻找传说中的"失落之城",逛遍非洲之后,又把目标锁定在澳大利亚。1954年,他们俩成为第一对驾驶单引擎飞机从非洲飞到澳大利亚的私人飞行员。夫妻俩后来还分别成为南非的男女手枪射击冠军。

除了飞行,霍尔德曼一家人还喜欢开车深入丛林探险。在一次事故中,他们的卡车撞上了一个树桩,导致保险杆穿透了散热器。他们于是被困在这片没有通信设施的蛮荒之地,花了3天时间才修好车。在这期间,他们一边猎食,一边和土狼、豹子、狮子斗智斗勇。这样说走就走的探险,他们家族总共进行了16次。

外祖父对孩子的教育态度是:只要你想做某件事情,你就一定能做成,你只需要做出决定,然后放手去做。你要敢于冒险,并随时为意外做好准备。

这位传奇人物于1974年的一次飞行中不幸遇难,当时他正驾驶飞机练习着陆,但没有看见两根电线杆中间有一根电线——那根电线缠住了飞机轮子并把飞机掀翻,他被折断了脖子而身亡。当时,马斯克才3岁,但他对这位传奇的外祖父的事迹却烂熟于心。外祖母也给他讲了很多在旅途中九死一生的经历,他总是听得津津有味。

外祖父的精彩人生及其对于"飞天"的偏执追求,早早便在马斯克的幼小心灵植下了梦想的种子。不仅如此,外祖父的冒险精神还彻底改变了马斯克的人生态度。他曾这样感慨:

> 我想一个平常人完全可以选择不平常。

马斯克坦承,自己非同寻常的冒险性格直接来源于他的外祖父。多年来,他的最大心愿就是找回外祖父的那架私人飞机。

离开南非,远渡加拿大

当孩子们还小的时候,母亲梅耶·马斯克总是教他们,想要什么就得自己主动争取。在她的言传身教下,三个孩子都很独立且有主见。他们在十几岁时就已展现出与未来职业相关的兴趣。

马斯克表现出对电脑科技的强烈兴趣,金巴尔·马斯克展现出对食物的非凡兴趣,托斯卡·马斯克则对电影、戏剧、舞蹈、表演、音乐这些娱乐圈的东西很感兴趣。

不管孩子们将来往哪个方向发展,梅耶·马斯克都表示支持,虽然这对她的生活构成了重大影响。

梅耶·马斯克41岁的时候,好不容易在南非过上了衣食无忧的生活,她在约翰内斯堡的事业蒸蒸日上,孩子们跟着她住进了一栋漂亮的大房子。在她终于可以歇一口气的时候,17岁的马斯克提出了一个大胆的想法:搬到加拿大去。对他来说,北美显然更适合他去追寻对电脑的兴趣。他让梅耶·马斯克去申请恢复加拿大公民身份,这样兄妹三人也都能拿到加拿大的公民身份。

马斯克之所以要远渡加拿大,一个重要的现实原因是,当时,南非实行的是严格的征兵制,男性到了18岁都要服兵役。马斯克不想入伍,因为他不想被迫参与到种族隔离运动中去。[1] 南非共和国,就像非洲

---

[1]《特斯拉之父:马斯克传》,(日)竹内一正著,千太阳译,中信出版社,2014年12月。

大陆上的其他国家一样，经常发生流血冲突，有时候发生在黑人和白人之间，有时候则发生在不同的部落之间。

1987年，英国拍摄了一部名为《为自由呐喊》的电影，讲述的便是在种族隔离制度下，黑人解放运动领导人史蒂夫·比科遭警察施暴后被杀害的故事，控诉了种族隔离制度的罪恶。马斯克的青春期几乎处于此起彼伏的反种族隔离运动之中。在逃离南非几年之后，南非共和国迎来了举世闻名的总统——曼德拉，种族隔离才渐渐消除。

搬去加拿大生活，意味着梅耶·马斯克要放弃在南非的10年奋斗成果。尽管梅耶·马斯克的内心很挣扎，但她还是同意了儿子的计划。当时她已经被开普敦大学录取攻读博士学位，她不得不一边攻读学位，一边学习法语，为搬去加拿大而做准备。

准备工作花了很长时间，当护照终于到手里的时候，离马斯克预定出发时间仅剩3周。梅耶·马斯克给了马斯克一本地址簿和一张2000美元的旅行支票，另外写了一封信，通知加拿大的家人接待马斯克。结果信件经过6个星期才被送到，而马斯克早就抵达加拿大了。

马斯克在蒙特利尔机场给亲戚打电话，无人接听。无奈之下，马斯克只能选择在当地的基督教青年会住下，次日独自坐上大巴，去萨斯喀彻温省投靠唯一联系成功的家人，并在那里度过了自己18岁的生日。这一年里，马斯克打过不少零工，先是在表兄的农场里帮忙种植蔬菜和打扫粮仓，后来到温哥华做电锯工和清理锅炉房。

虽然马斯克表现出了极强的适应能力，但作为母亲，梅耶·马斯克仍旧不放心他在异国他乡的生活，于是专门飞去了加拿大。她和马斯克一起拜访了5个省的大学，最后多伦多大学聘请她做研究员，每周只需要工作10个小时，梅耶·马斯克决定一边做咨询，一边学习，一边做模特。紧接着马斯克的母亲又面试了一些模特经纪公司，幸运的是，每家经纪公司都愿意聘请她做模特。

至此，梅耶·马斯克才对举家搬到加拿大生活有了底气，但她还是希望在南非拿到博士学位再说。可惜，她15岁的女儿没有给她犹豫的机会。

三周后,梅耶·马斯克返回约翰内斯堡,发现房子、家具和车全部被女儿托斯卡·马斯克低价变卖了。她唯一能做的事情就是在各种文件上签字。几个星期后,她不得不带着女儿离开南非,只留下金巴尔·马斯克在南非继续完成学业。

对于托斯卡·马斯克的行为,梅耶·马斯克并没有生气。她这样说:"既然孩子们已经预见到了他们在美洲的未来,那我们就可以把加拿大当成一个新的出发点。我们都知道万事开头难,但是一旦我们能够克服困难,(就要)从长远的角度来看待这个决定。如果向前的时机已经来临,那么你应该冒险一试。至少给自己三年,倾尽全力去适应新的环境。如果三年之后你的生活仍然没有得到改善,而且你也并不快乐,你可以回到原点。"

因为资金被冻结的关系,在加拿大,他们只能一切从头开始。搬到多伦多之后,母子三人被迫挤在一套只有一间卧室的公寓,母女睡在卧室的床上,马斯克则睡在客厅的沙发上。

当时四个人都在读书,梅耶·马斯克以交学费的名义,每个月会让南非的会计给她汇出一小笔款项,勉强应付食品开支。房租和学费,则需要靠梅耶·马斯克努力地工作。

当然,马斯克也并没有完全指着母亲来养活。他回忆自己在加拿大的大学生活时这样说道:"17岁的时候,我一个人离开南非,随身只带了一个背包和一个装满书的手提箱。我在母亲表弟位于加拿大萨斯喀彻温省的农场工作,那是个木材厂。在获得奖学金和背负部分债务的情况下,我进入了加拿大皇后大学(Queen 's University),然后又以同样的方式去了美国宾夕法尼亚大学(University of Pennsylvania)沃顿分校和斯坦福大学(Stanford University)。"

实际上,马斯克并非在加拿大才开始攻读大学。在不确定能否搬去加拿大之前,他就已经进入南非比勒陀利亚大学,学习了一段时间的物理学和工程学,在拿到签证后便退学了。这件事很少被他提及,当有人提及这个细节的时候,马斯克会辩解说,那纯粹是为了让等待加拿大签证的日子有事可做。

马斯克无疑是加拿大皇后大学最出色的一位学生。当初吸引马斯克选择皇后大学的原因,除了学术出色外,还有一个更加现实的理由——这里的女孩子很多。马斯克曾在滑铁卢大学和皇后大学之间举棋不定,当他发现滑铁卢大学放眼望去都是男生时,便果断选择了皇后大学。

相比晦暗的中学生活,进入大学之后,马斯克简直是如鱼得水。正是在皇后大学,他遇到了第一任妻子——贾斯汀·威尔逊。他的弟弟金巴尔很快也来到了加拿大。兄弟二人以坚韧不拔的毅力与一位银行家高管搭上了线,这为马斯克谋到了一份暑期在银行实习的工作。

在上学期间,马斯克也不忘挣钱,他在宿舍里倒卖电脑配件和电脑整机,从中赚差价。马斯克用自己的"附加服务"击败了竞争者:他可以分分钟帮人修好电脑并清理病毒。他对电脑和游戏仍然保持着浓厚的兴趣,他可以一整天沉迷在网络游戏中。虽然总是玩游戏,但他的成绩却一直很好,总是拿到奖学金。可以说,在皇后大学的两年生活,马斯克爱情学业双丰收。

回首来看,离开南非,远渡加拿大,马斯克在这个过程中显示出了超越同龄人的非凡意志力。他克服了同龄人瞻前顾后的弱点,勇敢放下眼前的安稳生活,选择孤身一人去远方探索。正是这种不过多考虑困难,尽最大所能想办法解决问题的成功者思维,奠定了他后期的创业成功。

移居"创造奇迹的国度"

马斯克成名后曾公开说过:"我的成功是拜美国所赐,换做在其他任何国家,我想我都做不到。美国是一片充满机遇的土地,这里的机会比其他任何地方都多。"

对于马斯克来说,加拿大只是跳板,他的目标一直是美国,去美国是他"蓄谋已久"的事情。早期对于计算机和科技的兴趣使他对硅谷产生了强烈的向往。那里,是创业者和冒险家的梦想之地。而在南非,年轻人要想做出一番大事业,太难了。就像弟弟金巴尔·马斯克所言:"南非对于我哥哥这样的人来说就像是监狱。"

1992年,21岁的马斯克靠着奖学金来到了美国,进入宾夕法尼亚大学沃顿商学院学习。在这里,他先后接触了经济学、互联网、清洁能源、太空、物理、材料学等多个学科领域,这些学科知识为他后来的"飞天"实践打下了坚实的基础。

宾夕法尼亚大学培养出了一大批改变世界的杰出人才,我国著名建筑学家梁思成、林徽因,经济学家郎咸平,中国半导体之母林兰英等,都是从这所学校毕业的;美国本土的杰出校友更是数不胜数,如美国第九任总统威廉·亨利·哈里森、股神沃伦·巴菲特、美国前总统唐纳德·特朗普、思科公司创始人莱奥纳德·波萨克、杜邦公司第一任总裁尤金·杜邦……根据2017年公布的福布斯富豪榜,宾夕法尼亚大学培养的亿万富豪校友数量位居全美国第一,超过哈佛大学和斯坦福大学。

马斯克就读的宾夕法尼亚大学沃顿商学院，是美国第一所商学院，也是世界首屈一指的商学院。沃顿商学院致力于培养未来的商界精英，对商业思想有深刻的研究成果。这也是为什么马斯克能够在这里获得太空与新能源尖端知识的原因所在。沃顿商学院的18个研究中心核心目标就是让教授、学生以及工商界成员共同研究和分析商务问题，它要求学生精通于跨学科方法从事研究和紧密联系商界。沃顿商学院对于马斯克的最大影响之一就是培养出了将科研成果转化为营利性企业的敏锐嗅觉。

马斯克修完沃顿商学院热门的经济学学士学位后，又留校一年去修物理学学士学位。为什么选择物理学而非其他工科专业呢？这就不得不提到他特别推崇的"第一性原理（First principle thinking）"。他在接受TED主持人的采访时说：

> 第一性原理的思想方式是用物理学的角度看待世界，也就是说，一层层拨开事物表象，看到里面的本质，再从本质一层层往上走。[1]

在马斯克看来，浩瀚的知识如同一棵参天大树，只有打下一个好的基础，才能在实践中信手拈来，学为其用。物理学是自然学科之基，它可以帮助人找到事物的本质。物理学的奥秘早已深入到改变世界的方方面面，所以马斯克坚持修完了物理学的学位。

学习物理学的过程中，马斯克在宾夕法尼亚大学过得如鱼得水一般，和"同类"相处甚欢。

梅耶·马斯克从来没有为他这么开心过："在宾夕法尼亚大学，

---

[1]《TED公开课：马斯克我们正在建设的未来-有点枯燥》，The future we're building–and boring，2017年5月。

有一群书呆子。他很享受与他们相处的时光。我记得有一次跟他们去吃午餐,他们讨论一个物理问题,A 加 B 等于圆周率的平方之类的。他们会开怀大笑。看见他如此开心,这简直太棒了。"

在这里,马斯克和另外一位转学学生阿德·雷西(Adeo Ressi)成为好朋友,他们后来成为互相扶持的硅谷创业者。

马斯克对于太阳能和新能源领域的探索,也是从宾夕法尼亚大学开始的。1994 年 12 月,他为一门功课撰写了一篇题为《论太阳能的重要性》的论文。在这篇论文里,他论证了太阳能技术的光明未来以及建设大型太阳能发电站的可能性,还对太阳能电池的工作原理和各个部分的有效利用做了深入研究。随后他又写了几篇论文,随着研究的深入,他萌生了一个更大的梦想:为何不把这些技术应用到汽车、飞机和火箭上呢?

显然,这个想法有些宏伟,不是立即就可以实现的,于是马斯克想到更容易实现的计划——做游戏软件。在宾夕法尼亚大学,他不分昼夜玩电脑游戏的爱好始终没丢。既然自己这么喜欢游戏,12 岁也设计过游戏软件,相信毕业后从事这样的工作,也不是难事。

不过,马斯克很快否定了这个计划,原因在于:"即使我做出了非常出色的电脑游戏,这又会给世界带来多大影响呢?这不会对世界产生很大的影响,虽然我发自内心地热爱游戏,但我不会把它当作我的职业。"

说到底,他是一个以"改变世界"为使命的人。这也是他千里迢迢来到美国的初心。在宾夕法尼亚大学即将毕业的时候,马斯克经过短暂的思想斗争,决定还是要挑战一下别人都没有干过的事情。

关于将来要从事什么领域的工作,他在大学期间思考了很多。正如他后来在接受采访时所说:"我的确在大学期间就开始思考这些事情,这不是事后编造出来的故事。我不想被看作一个新手,我不喜欢跟风和投机。我不是投资者。我喜欢把那些对于未来真正重要和有价值的技术,以某些方式变成现实。"

马斯克认为影响未来的三个领域是：互联网、可再生能源和太空探索。当他郑重其事地宣布要进军这三大领域，干出一番轰轰烈烈的事业时，身边的人包括他的前妻，都说他像疯子一样在胡言乱语。

世人的不认可，甚至是亲近之人的怀疑，都不曾让他停下追寻梦想的脚步。为了验证自己是对的，1995 年，进入斯坦福大学攻读材料学和应用物理博士课程的第三天，马斯克做出了退学创业的决定，这样的决定于我们普通人而言，肯定会说"他一定是疯了！"。但当我们站在当下的时间节点回顾历史的时候，也许我们会发出这样的感慨：伟大者之所以伟大，有时候不单单在于其远超常人的意志和能力，有时候也能够体现在，伟大者对于时代洪流或者说时代脉络的清晰认知。当时的马斯克便已经提前感知到互联网时代的必将到来，错过时代大势，再要想成就一番大事业就难如上青天。

小结：敢于追求，"妄想"才能变现实

美国年轻人对有着天马行空一般思想的马斯克极尽崇拜，各大媒体和自媒体几乎都是免费宣传马斯克本人及其旗下的两大公司 SpaceX 和 Tesla 的。人们之所以如此热捧马斯克，大都源于他那于常人而言"疯子一般的想法"。而神奇的是，他居然将其中很多"疯子一般的想法"实现了，并彻底改变了人们对许多事物的传统认知。

为什么马斯克能够成为全球偶像？归根结底，这个世界始终需要先驱者，需要理想主义的践行者。我们很多人，在很小的时候便被梦想点燃了生命之火，长大后却在平庸的现实之前生生将这生命之火熄灭，任由自己在现实的起起伏伏中浮浮沉沉。我们太需要像马斯克这样倔强的理想主义践行者了，凭借冒险精神和非凡毅力克服种种困难，将改变世界的"妄想"一步步变成现实。可以说，马斯克的成功，在一定程度上代表着平凡人英雄梦想的实现。

拥有"鸿鹄之志"并不是什么值得骄傲的事情，重要的是如何把这"妄想"变成真正的现实。从马斯克早期的经历，我们至少可以得到如下启示：

1. 对于未来要有清晰的规划

12 岁时，马斯克便对自己的未来有了憧憬，并对美国硅谷有了切实的向往，把去硅谷当作人生的近期目标；在实现这一目标之后，在

大学期间他对自己将来具体要从事的领域已经想清楚了：互联网、可再生能源和太空探索。正如他的母亲梅耶·马斯克所言，马斯克是一个非常有主见的人，他对自己的未来有清晰的规划，所以才毅然决然地离开南非富裕的家庭，前往加拿大寻求突破，谁也阻拦不了。

2. 敢于为自己的梦想冒险

"金融界的乔布斯"瑞·达利欧曾在自己的著作中写道："想象一下，你的面前是一片危险的丛林，冒着生命危险穿过去，就能得到更美妙的生活；留在原地，则很安全，但只能过很普通的生活。请你花点儿时间想想。因为不论形式如何，这是我们每个人，面对生活时，都必须做出的选择。"[1]

一边是未来可期的南非，一边是充满未知的加拿大、美国，相信面对这样的选择，很多人都会选择前者，而马斯克则选择了后者，尽管他知道"失败的可能性非常大，可是我还是要坚持最初的理想，去试一试"。坚持梦想并敢于为之冒险，是马斯克从南非辗转到美国的强大动力。

3. 保持感性与理性的平衡

实现梦想，光有激情和冒险精神是远远不够的，在追逐梦想之前要做好充分的准备，这就需要在感性之外修炼一颗理性的大脑。马斯克的第一个武器就是阅读，阅读是另一种冒险。阅读科幻小说，有助于塑造对未来的期望，这给了小时候的马斯克一种渴望，渴望去改变世界。这种渴望为他以后的事业埋下了种子。而阅读百科知识等书籍，让他认识到了自己的无知，并开启了对世界未知的探索。所以，他说"看书学东西要比听课快得多"。

对待学习的态度，马斯克也异于常人，他对实现与梦想无关的学科，

---

[1]《原则》，（美）瑞·达利欧著，中信出版社，2018年1月。

并不重视,即便是必修科目,他也仅满足于及格;而对于有助于实现梦想的学科则全力以赴,比如经济学和物理学,马斯克不仅心存敬畏,还不惜多花时间和精力去钻研。在社交上,他也很现实,要么结识同道中人,要么结识对自己有帮助的贵人。总而言之,在为梦想做准备的日子里,马斯克相当理性且务实。

第二章

浪潮来了义无反顾

——从斯坦福退学创业

在美国，马斯克学业顺遂，先是获得了美国宾夕法尼亚大学的奖学金，并获得经济学和物理学双学位，后到斯坦福大学研究生院深造。当看到周围的同学都在追寻比尔·盖茨的步伐，热衷于互联网的时候，他做了一个大胆的决定：退学创业。在很多人的嘲笑和质疑声中，24岁的马斯克初次创业，创办了美国最早的"大众点评网"——Zip2，并很快被康柏（Compaq）高价收购，他一夜之间成为千万富翁。

叛逆的斯坦福物理学博士

马斯克的美国梦开启于 1994 年夏天。他的弟弟金巴尔·马斯克追随他来到了美国,兄弟两人开启了一场横跨美国的旅行。

当时金巴尔·马斯克已经有过校园创业的经历,而且经营得还不错,赚了一笔钱,再加上马斯克手头的一些钱,两人买了一辆车,当年 8 月开始了一段游历旧金山周边城市的旅程。这次漫长的旅行让兄弟俩有充分的时间去畅想创业做什么项目。彼时万维网(World Wide Web,简写 WWW)开始向公众开放,第一批网民已经诞生。马斯克兄弟也是其中的冲浪爱好者。于是他们决定迎着潮流而上,思考如何成立一家互联网公司。

他们想到的最好的点子是为美国医生建立一个交换信息和协作的网站。在他们看来,医疗行业在美国很吃香,也是一个可以被颠覆的行业。弟弟金巴尔·马斯克还专门制订了一份看上去很详细的商业计划书,有了这份商业计划书,兄弟两个亢奋极了,马斯克进一步完善了营销方案,一切看上去很完美,但过了一段时间后,两人又突然没兴趣了。因为马斯克很快在硅谷找到了实习工作,忙得不可开交。

白天的时候,马斯克在品尼高研究所实习。这家机构吸引他的地方在于聚集了一群科学家,正在研制可以作为电动车和混合动力汽车燃料来源的超级电容器。这是马斯克比较感兴趣的领域。他爱上了这份工作,并开始以超级电容器为基础展开了一系列商业畅想。

到了晚上,马斯克又会到一家火箭科学游戏公司 (Rocket Science

Games)兼职。这是一家与火箭有关的游戏公司,马斯克一听到就感兴趣。该公司采取当时最先进的存储技术——用光盘代替卡带,可以在游戏中保留好莱坞式的叙事方式。游戏制作团队由一群工程师和电影人组成,其中包括苹果公司负责 iPod 和 iPhone 研发的技术人员。在这里,马斯克感受到了硅谷创业公司的真实气息,并因此爱上了这里。在他看来,硅谷就是他一直在寻找的乐土,这里遍地都是机会,能够实现他的野心。在宾夕法尼亚大学拿到双学位后,马斯克就住到了硅谷并决定在此定居,他还劝说金巴尔·马斯克也搬到硅谷,这样他们就可以一起征服互联网世界。

在实习工作中,马斯克的编程能力得到了肯定。公司原本只是让他写一些无足轻重的基础代码,但没过多久,他就开始独立做他想做的任何项目。比如,火箭科学游戏公司只是要求马斯克写一些驱动程序,使手柄和鼠标适用于各种计算机及游戏。与那些将打印机或照相机和家用计算机连接起来的恼人程序一样,编写驱动程序是一项非常繁重的工作。作为一个自学成才的程序员,马斯克陶醉于自己优秀的编程能力,于是公司分配给他一些难度更大的工作。马斯克于是像个精力充沛、对"黑暗"世界充满无穷征服欲望的极客一样,通宵达旦地沉迷于编程世界。

暑假旅行和实习工作,改变了马斯克的人生轨迹。原本他计划在斯坦福大学攻读材料科学和物理学博士学位,以实现他在新能源和太空探索领域的伟大抱负,但互联网浪潮带来的诱惑实在太大了,于是有了辍学事件的发生。

在斯坦福大学入学第三天,马斯克做了一个决定:离开学校去创业。对此,他的解释是:

> 你可以在很多研究领域都拿到博士学位,但那样的研究工作未必能对世界产生真正意义上的影响。而我真的只是想做一个有用的人。因而辍学也就成了最优的选择。那种感觉,就像是在不

停地问自己，在我所能做的事情里面，究竟哪些才会是真正有用的？

在高科技领域，退学创业并不是新鲜事儿。世界首富比尔·盖茨大三退学创办了微软，史蒂夫·乔布斯大一退学创办了苹果公司，雅虎缔造者杨致远攻读博士期间退学创业，迈克尔·戴尔大一时退学创业，还有谷歌公司、Facebook、Twitter等互联网巨头的创始人都是退学创业的。甲骨文创始人拉里·埃克森在耶鲁大学的一次演讲会上甚至这样对台下学生说："你们都是失败的优等生，一顶帽子一套学位服必然要让你沦落……就像这里的保安马上要把我从讲台上撵走一样必然……"这些退学创业的佼佼者感召了很多追随者，马斯克就是其中之一，对他直接产生冲击的当属退学博士杨致远和大卫·费罗。

1995年3月，上述两人成立了雅虎公司，很快雅虎公司就成为明星公司，两个穷学生随之名声大噪，一年后就成为亿万富翁。杨致远和大卫·费罗的创业神话，直接刺激到马斯克，他也产生了趁早创业闯出一片天地的想法。不过，他也给自己留了条后路。"我跟导师说想成立一家公司，但不一定能成功，如果不成功，能否再回来。他说当然没问题。于是我就暂停学业，创立了公司。"

那一年，马斯克才24岁。身边人都反对他退学创业的行为，只有他的母亲梅耶·马斯克支持他。梅耶·马斯克说，她相信自己的儿子一定会成功。实际上，梅耶·马斯克之所以理解并支持儿子，是因为她当年也有过辍学的念头。

梅耶·马斯克是在南非比勒陀利亚念的大学，她的母语是英语，但她想拿到的营养学学位，只有一所通用语言为南非荷兰语的大学才能授予。这个专业开设的所有课程、举办的所有活动，都只使用南非荷兰语。由于语言上的鸿沟，梅耶·马斯克需要比其他人更加努力才能跟上进度。在大学期间，埃罗尔·马斯克又出轨另一个女孩，伤透了梅耶·马斯克的心。梅耶·马斯克于是决定辍学到约翰内斯堡专攻模特事业,当时她确实成绩也不错,获得了"南非小姐"的决赛资格。如果最终当选为"南非小姐",梅耶·马斯克铁定退学了。

虽然自己没有退学创业成功,但梅耶·马斯克推己及人,很支持儿子的选择。她深知,机会一旦错过,就不会再来,为什么不去试试呢?就算机会再小,只有试一试才知道结果。母亲的支持,对于24岁的马斯克来说,相当于注入了一针强心剂。

向互联网公司求职惨遭拒绝

1995年,微软公司推出Windows95操作系统。这一年,马斯克进入位于硅谷中心的斯坦福大学研究生院深造,他发现周围的同学都十分热衷于互联网。这时,制作出互联网网页浏览器的网景通信公司受到了全世界的关注。很多年轻人想要成为第二个比尔·盖茨,他们创办了很多新公司。

与其将宝贵的青春花费在学业上,还不如开始创业,把精力投入到商业上,这一决定对于当时身处热门产业中心的马斯克来说是理所当然的事。于是,他决定投身到方兴未艾的互联网大潮。一旦做了决定,马上就去执行,这是马斯克的一贯作风。就这样,他自信满满地前往如日中天的网景通信公司(Netscape Communications Corporation,简称网景公司)应聘。

网景公司以同名网页浏览器而闻名。网景浏览器的出现是互联网史上的一件大事,具有划时代的意义。网景浏览器的前身叫"马赛克"(Mosaic)浏览器。1993年,美国国家超级计算机应用中心(National Center for Supercomputing Applications,简称NCSA)发布了马赛克浏览器,引发了互联网热潮。

马赛克浏览器的主要研发人员叫马克·安德森。该浏览器是他上大学在国家超级计算机应用中心(NCSA)兼职时,和另外一位工程师联合编写的。毕业后,两人在硅谷创办了"马赛克通讯公司"。但公司成立之后就遇到了麻烦，因为美国国家超级计算机应用中心拥有"马赛克"的商标版权。于是，安德森被迫重新研发，编写出新的"网景"浏览器。"马赛克通讯公司"也更名为"网景通信公司"。

1995年8月，网景公司上市，是互联网领域的标志事件之一。上市当天，网景的股价从28美元上涨到75美元，创下了奇迹。这一年，网景公司趁机更新版本，很快占领70%的浏览器市场，收入每季都在翻倍。而作为网景创始人，马克·安德森和吉姆·克拉克也因此名声大噪。

不过，树大招风，网景公司风头一时间盖过微软，很快就陷入微软的狙击战中。微软先是提出购买网景，被处在事业顶峰期的安德森拒绝；接着微软降格以求，提出与网景合作，形成战略合作关系——为了达成合作，微软甚至承诺在操作系统几乎所有方面作出让步。比尔·盖茨前所未有的让步，换来的却是安德森的鄙夷。安德森甚至说过：在网景面前，Windows只是一堆设计拙劣的驱动程序。微软被彻底激怒，迅速买下马赛克浏览器的授权，以此为基础开发了Internet Explorer，掀起了"浏览器大战"。

1998年，网景公司被美国在线以42亿美元收购，退出历史舞台，但网景公司创始人马克·安德森的财富故事却被继续谱写着。他后来成功投资过Facebook、Groupon、Skype、Twitter、Zynga和Foursquare等著名公司。网景公司推动了互联网时代的发展，马克·安德森则影响了无数人，这其中就包括马斯克。

当时，马斯克到网景找工作，一个重要的原因就是冲着传奇人物马克·安德森而去的。敢于和微软叫板的马克·安德森，无疑是他的偶像。然而，这次求职并不顺利，据马斯克坦言，当时他是"不请自来地走进网景的大厅，然后尴尬地站在那里，不好意思和别人说话"，最后讪讪地离开。

当时互联网刚刚兴起，像网景这样的明星公司，肯定是技术人员争相追逐的目标。马斯克这样的在读博士生，毫无实践经验，被拒之门外是很正常的。

　　这次失败的求职经历，并没有打击到马斯克，很快他就放弃了找工作这条大多数人都会选择的道路，而开始了非同寻常的创业之旅。

三千美金创办"Zip2"

1995年是世界互联网走向商业化的重要标志年。这一年,2.5亿人口的美国已经拥有了约1.5亿台电脑。这一年,网景公司在纳斯达克上市,成为美国第一家上市的互联网产业公司,Navigator浏览器完全统治了网络浏览器市场;微软接连推出了Internet Explorer和Windows 95;Sun公司发布了Java;英特尔公司推出了133 MHz奔腾处理器;Linus Torvalds发布了Linux核心程序版本——Linux 95。也是在这一年,马云在美国西雅图接触到了互联网,眼睛为之一亮,回国后便创办了中国最早的互联网公司之一"中国黄页"。这一年,马斯克也创办了类似"黄页"+"大众点评"+"谷歌地图"相结合的Zip2公司。

Zip2的创意灵感是马斯克在暑假实习的时候偶然得到的。有一次,一个黄页推销员来到创业者办公室推销网络分类的点子,并说这是厚重的传统黄页的补充。这个推销员的说法很难打动人,并且对于互联网本质以及人们如何利用互联网从事商业活动的表述也不得要领。但马斯克敏锐地意识到此事大有可为。于是他说服弟弟,两人开始着手建立名为Global Link的信息网站,后来才更名为Zip2。

兄弟俩作了分工,马斯克负责编码,金巴尔·马斯克负责挨家挨户推销,说服餐馆、服装店和理发店之类的小企业将自己的业务信息展示在互联网上,让公众通过互联网知道他们的存在。

有了清晰的想法之后,马斯克兄弟凑齐了3000美金,在硅谷租了一间两居室作为办公室,并购置了一些简单的家具,就开始正式创业了。为了能够接入高速网,马斯克和楼下的一家网络服务公司商量好:在 Zip2 公司门旁边的石膏板上钻了一个洞,然后沿着楼梯将电缆接到网络服务公司那里。在没有电梯、马桶经常坏掉、网络半蹭来的极简陋办公室里,马斯克独立完成了后台的所有原始代码。

善于社交的金巴尔·马斯克很好地弥补了马斯克这方面的缺陷,他先是以低廉的价格获得了一个湾区企业数据库的访问许可证,获得了海量小公司的名称和地址,接着说服综合电子地图信息供应商 NAVTEQ,免费把数字地图和导航服务技术给 Global Link 使用。

在兄弟俩的完美协作下,Global Link 很快就运行起来了。但是,他们的启动资金随着添置设备也花光了。这时,父亲埃罗尔·马斯克资助他们 28000 美元,帮他们暂时渡过了难关。

在那段捉襟见肘的艰苦时期,兄弟俩吃住都在办公室里。为了省钱,他们经常到基督教青年会洗澡。后来,他们还以提供免费住宿的条件,说服一个年轻的韩国工程师来 Zip2 做实习生,于是三个人住到了一起,谁都没有床,只能睡床垫。

创业第一年,马斯克几乎没有离开过办公室。Global Link 的员工称:"他通常就在办公桌旁的睡袋里席地而睡,跟狗没什么两样。几乎每天都这样,我 7 点半或者 8 点到办公室的时候,他还在睡袋里睡觉。"马斯克向员工提出了一个要求:谁第一个到了公司就把他踢醒,然后他再继续工作。马斯克对于 Global Link 软件的持续改进,对销售人员帮助很大。公司成立几个月后,居然收到了一张 900 美元的支票,连马斯克自己都觉得不可思议。

但整体上来说,作为毫无名气的初创公司,Global Link 早期的销售情况实在不够理想。马斯克脾气倔强且暴躁,做事态度也很强硬,连好脾气的乐天派弟弟也招架不住。金巴尔·马斯克从来不跟别人打架,但是马斯克和他谁也说服不了对方接受自己的观点,于是就在办公室的中央挥拳相向。有一次,两人在做商业决定的时候大打出手,马斯克的拳头甚至擦破了皮,不得不去打破伤风针。

还好,他们这时候迎来了一个贵人的加入。这位贵人是马斯克兄弟在加拿大时就认识的——地产商人格雷格·科里(Greg Kouri)。1996年年初,格雷格·科里被马斯克兄弟成功说服,并搬到加州,成为 Global Link 的联合创始人。格雷格·科里比马斯克兄弟年长,除了充当调停老大哥之外,他的最大贡献是为 Global Link 打开营销僵局。格雷格·科里过去从事房地产交易,在做生意方面很有心得,他的加盟为 Global Link 销售团队带来了宝贵的实战经验。在公司,只有他能让马斯克快速平静下来。

年轻气盛失去公司控制权

大部分创业者都要经历和风投斗智斗勇的阶段,尤其是初次引进风投的时候,稍有不慎,就会被资本架空,进而失去自己一手创办的公司。智慧如马斯克,在第一次创业的时候,也未能幸免。

1996年初,Global Link吸引到了风险投资公司莫尔达维多夫资本(Mohr Davidow Ventures)的关注。投资人莫尔达维多夫被马斯克兄弟的激情和干劲儿感染,给他们投资了300万美元。

拿到投资后,公司正式更名为Zip2。"Zip"在英文中有"来回拉拉链""快速移动"的意思,马斯克用Zip2做名字,取"来回快速移动"的意思。他做的第一个"快速移动"是把被员工吐槽的办公室换到了一个大办公室,以壮大团队;第二个"快速移动"是改变商业策略,用最好的商户目录系统,把服务从硅谷扩展到全美,从挨家挨户地推销转为承包制。Zip2团队开发了一个软件包,将其出售给报业公司;报业公司创建自己的房地产商、汽车经销商和各种分类广告目录,进行销售。如此以来,Zip2公司就可以抽身聚焦自己擅长的事情——技术研发。

投资人尊重马斯克的商业转型,同时趁机给Zip2公司施加了"紧箍咒"。投资人聘用里奇·索尔金(Rich Sorkin)担任公司的CEO,而马斯克则充当首席技术官的角色。投资人认为里奇·索尔金经验丰富并且了解互联网,可以带领Zip2公司走上一个新台阶。年轻的马斯克天真地信了投资人的话,同意里奇·索尔金代替自己做公司的一把手。

马斯克曾经引以为傲的编程能力，随着高级工程师的加入，也受到了碾压。公司从惠普公司和硅图公司挖来了资深工程师，他们看待马斯克编写的代码，就像看待一切"菜鸟"程序员的作品一样，恨不得全盘改写。实际上他们也确实这么做了。马斯克看着自己辛辛苦苦编写的代码被改得面目全非，心情糟糕极了。但是事实胜于雄辩，这些技术大拿一出手，马斯克找不到原因的程序崩溃，就得到了解决。

马斯克接受了工程师的修改之后，拿起了自己作为首席技术官的特权，开始给项目设定最后期限。这又成为他"得罪"人的举动。

这些工程师认为，他每次设定的最后期限都超乎大家的能力范围。在他看来需要一小时完成的事情，工程师认为需要一两天的时间；在他看来需要一天时间完成的事情，工程师认为需要一到两周的时间。双方经常爆发矛盾。有一次，在集体头脑风暴的时候，马斯克竟然拍案而起，冲着一位员工大吼："我不想听你说这些废话！"

不过，这种"任性"没有坚持太久。在磨合过程中，这个脾气不好的书呆子在实战中慢慢变得越来越会控制情绪了。正如他的前妻贾斯汀所言："他不是那种会说'我理解你，我明白你的想法'这种话的人，但在第一次创业的时候被迫学会了在某些方面改变自己的行为，学着理解为何一个20多岁的人不应该对年长者指手画脚。"马斯克渐渐学会了如何鞭策年轻的工程师们疯狂工作，也学会了如何向年长的投资人妥协。

员工慢慢适应了他，而投资人则直接奖赏了他和弟弟每人3万美元的买车补贴，两个人把之前的旧车换成了最新款的宝马车。

而CEO里奇·索尔金也确实带领Zip2迈上了新台阶。通过里奇·索尔金的人脉关系，Zip2与纽约时报集团、奈特里德报业集团、赫斯特报业集团以及其他一些媒体就相关服务签署了协议。Zip2喊出这样的口号："为媒体助力！"伴随着资金的大量涌入，Zip2公司得以迅速成长，一年后搬进了更华丽、更宽敞的办公区。

一切看上去很好，但作为公司的创办人，马斯克却越来越压抑。

公司的快速发展，正在背离他的初心。在他的规划里，Zip2 是 to C 公司，直接向消费者提供有趣的服务，可是在里奇·索尔金的掌控下，Zip2 变成了 to B 公司。看着自己的公司成为媒体背后的玩物，马斯克越来越心寒，他不断向投资人提出自己的想法，请求公司回归以消费者为中心的商业导向，但都被投资人和里奇·索尔金视作"搞事情"行为。在投资人和里奇·索尔金看来，赚更多的快钱是第一要务。但在马斯克看来，这是急功近利的短视行为：一个技术公司失去了和消费者互动的能力，最终就会失去发展的后劲。

意识到潜在发展危机的马斯克，要求重掌公司大权，要回自己的 CEO 职务，但被投资人拒绝了。

被电脑巨头康柏高价收购

1998年4月,Zip2斥资3亿美元收购其主要竞争对手"城市搜索"(City Search)。城市搜索成立于1995年9月,总部位于美国加利福利亚州好莱坞。城市搜索允许用户给自己最喜爱的商家投票和留言,为了保证信息结果的公正性,拒绝发布和删除商家的负面信息,除非这些信息具有亵渎他人、涉及个人隐私、宣传非法活动的内容。当时城市搜索公司已经建立了一套覆盖美国各城市的系统,并且拥有一支非常强大的营销团队。马斯克兄弟承诺并购后将保留"城市搜索"的名字。

并购原本已成定局,双方也都通知了媒体,但等到沟通细节的时候,却谈崩了。并购后需要辞退员工,以避免岗位重复,问题也是在这个环节出现的,到底该辞退谁呢?双方的工程师和高管互相看不上,加上城市搜索被查出来财务状况恶化,1998年5月,Zip2取消了兼并计划。

兼并计划前功尽弃,看似没有损失什么,但实际上却给Zip2带来了严重的影响。其一,团队起了严重内讧。马斯克要求董事会让他重新担任Zip2的CEO,董事会拒绝了;负责并购的里奇·索尔金也被别人取代了职位,他开始指责马斯克。其二,Zip2陷入亏损状态,高管对于未来发展路线也产生了分歧。马斯克坚持走消费者的路线,但董事会担心这种策略会占用过多的资金,坚决不同意。当时微软宣布大举进入,以及成百上千的创业公司加入竞争,这让公司上下陷入了前所未有的气馁状态。

就在这个时候，康柏（Compaq）公司抛来了橄榄枝，表示愿意高价收购Zip2。这等于天上掉馅饼，因此，Zip2的董事会欣然接受了这次收购要约。

1999年2月，康柏正式以3.07亿美元现金和3400万美元股票期权进行收购，这笔买卖让马斯克兄弟赚到了人生中的第一桶金，马斯克和金巴尔·马斯克分别获得了2200万美元和1500万美元。

此时马斯克年仅28岁，因为酷爱跑车，他奖励了自己一辆当时最贵的跑车。不过康柏公司并没有因为这笔交易赶上疾驰而过的互联网列车，它在自己个人电脑的主流阵地上败下阵来，后来于2001年被惠普公司收购，此为后话。

在别人看来，卖掉Zip2是一件大赚特赚的事情，马斯克心里一定乐开了花。事实上，并非如此。几乎所有的创业者都会对第一次创办的公司，抱有复杂的心情。

并购后，康柏公司邀请马斯克兄弟继续任职，但马斯克果断拒绝了。据他同事所言："当埃隆得知Zip2被收购已成定局时，就已经把心思放在下一个项目上了。"

马斯克对于失去公司控制权和CEO职位一直耿耿于怀。在经验不足的情况下引入投资人，被他视作惨痛的教训。投资人接管公司后变得鼠目寸光，公司的远景从此消失，Zip2早就不再是马斯克设想的公司了。

在反思的过程中，马斯克也认识到他在管理方面的经验欠缺。因为在此之前，他从来没有真正管理过一个团队，他在处理人事关系上也表现得过于生硬，导致团队怨声载道。比如，Zip2的员工们晚上回家，第二天回到办公室时却发现马斯克修改了他们的工作成果，而且还未告知他们。

在写代码这件事上，马斯克比他们更擅长。看到员工编写的代码，他会忍不住去修改，因为在他看来，让他们去修改效率实在太低了，因为他改着很快，而且他改出来的代码运行起来会比他们的快5倍。可是当时Zip2的工程师本来就很优秀了，代码在不被告知的情况下被改写得面目全非，他们当然会很郁闷。归根结底，当时的马斯克并没有把自己放到一个领袖的位置。尽管他在努力做出表率，但同事们都认为他无法胜任 CEO 这一职位。

痛定思痛，马斯克得出了这样一条管理心得：

> 不要指望其他人的行为举止会表现得像你一样。即使他们想表现得像你一样，他们也缺乏你大脑中的认知和信息。所以，在决策的时候，你必须把你自己放在另一个位置："好吧，如果我处在这个位置，基于他们的认知：他们会怎么想？"

简而言之，第一次创业不仅给马斯克带来了第一桶金，还给他带来了宝贵的经验。人们津津乐道于前者，但马斯克更看重后者。对他来说，2200 万美元的变现并不算什么，毕竟他的梦想是奔向宇宙；而失去自己亲手打造的公司，让他倍感挫败。在决定掀开新的一页的同时，马斯克暗下决心，将以更好的创业来弥补早期的遗憾。

小结：比别人多干两倍的工作

创业没有捷径，对于马斯克这样的天才也是如此。纵观 Zip2 的发展史，可以发现马斯克并没有表现出太多让人惊艳的地方，和大多数创业者的轨迹其实差不多：瞄准机会——脚踏实地——败中求胜。只不过，他比一般人更偏执一些。

电影《钢铁侠》的扮演者小罗伯特·唐尼说过："《钢铁侠》中的主人公托尼·史塔克，和马斯克都是同一类人——他们一旦抓住一闪而过的创意，就会为自己的想法倾其所有，他们连一秒钟时间都不会浪费。"

通过分析马斯克创立 Zip2 的历程，我们可以总结出其很多优秀的品质，这些品质能够帮助我们普通人高效地追逐自己的梦想：

1. 对机遇的灵敏度要高

我们都知道机遇对于创业的重要性，问题是机会总是戴着面具出现。很多时候，风口来了，你却不知道它是创业机会；等到大家蜂拥而上的时候，为时已晚。机遇很重要，而对机遇的敏感度更重要。

毫无疑问，Zip2 的成功离不开互联网大潮的天赐良机。但问题是，在浪潮来临时，有几个人能够认定这就是自己的创业机会呢？而且当时马斯克还只是一个懵懂的小青年，并没有创业经验，却敢于把学习的事情放一边，投身到互联网行业中去。

后来，创办 SpaceX，正值美国政府大力支持私营企业进入航天领域；创办特斯拉和投资太阳能，又赶上低碳经济的黄金时代。

马斯克对机遇的灵敏度总是超越常人。

2. 全力以赴，比别人更加努力

梅耶·马斯克家信奉的座右铭是："越努力，越幸运。"她的父亲约书亚·诺曼·霍尔德曼是这么教育她的，她也是这么教育马斯克的。马斯克离开学校创业的时候，只有母亲支持他。她说，她相信自己的儿子一定会成功。同时，她告诫马斯克一定要努力。马斯克确实是这么做的，他在创业中为我们展示了什么叫作"优秀的人敢于对自己下狠手"。

在一次采访中，被问到创业成功的秘诀，马斯克如是回答：

> 比别人多干两倍的工作。我最开始一周工作100多个小时，现在一周大概工作80到90小时。如果你要做创业者，你需要超级勤奋地工作。你想得到多少，你就得付出多少的代价。

疯狂工作的习惯从创建 Zip2 伊始就养成了。根据马斯克的叔叔斯科特·霍尔德曼（Scott Haldeman）回忆："那年圣诞节，每个人都在拆礼物，只有马斯克从起床到睡觉都在工作，每天都是如此。"为了少睡点觉，马斯克要求第一个到公司的人要负责一脚踹醒他。一旦投入到工作状态，他强迫自己不要拖延，任何一项任务，必须在1小时到1天内完成。

3. 不要害怕失败。

叛逆不代表胆大妄为。马斯克坦承，在第一次创业的时候，他和弟弟也很清楚退学创业，很可能面对的是失败，但是他们仍旧要去尝试，并且竭尽全力。他认为，想要成功，首先得克服害怕失败的恐惧。

心理学研究结果表明：人对于未知的事情会有一种陌生感，陌生感会产生恐惧感，恐惧感会使人裹足不前，不敢去接触那件事情，越不接触就越恐惧，形成恶性循环。使人消除恐惧感的唯一办法就是去实践，且越快越好。演员演戏之前要过的第一关叫"天性解放"，创业者同样也要经历这种解放自我的关卡。心有疑虑，总是担心失败，是无论如何不能做到全身心投入的。

  Zip2 的创始理念在当时过于超前，市场不接受，投资人也不明白，为此，马斯克做了一个普通个人计算机大小的箱子，还在箱子下面安装了轮子。当潜在投资人造访时，他会为他们演示，把庞大的机器外壳打开，露出产品本身，就好像 Zip2 在一台微型超级计算机里面运行一样。在投资人眼里，他就是一个愿意赌上身家性命去干成的人。马斯克自己也曾表达过类似观点："我具有武士精神。我宁愿切腹，也不愿接受失败。"

第三章

"创业瘾君子"

——创办 PayPal

除了特斯拉电动汽车,马斯克还是互联网金融的开创者和硅谷精神的先驱者。世界级风险投资公司红杉资本的执行合伙人,曾担任 PayPal 首席财务官的罗洛夫·博沙如是说:"PayPal 与谷歌的最大不同在于,谷歌希望招聘博士,而 PayPal 则希望招聘那些放弃博士学位的人。虽然谷歌的两位创始人都属于放弃博士学位的人,但两家公司却表现出了完全不同的气质。"PayPal 创建经历不仅让马斯克身价更加雄厚,还为其后来创立 SpaceX 和特斯拉积累了宝贵经验,同时两次成功的创业经历也给了投资者们足够的信心。虽然执着于 CEO 职位的马斯克在发展过程中被赶下了台,但正是这场"PayPal 政变",让他对掌控公司有了更清醒的认知,也正是此阶段的痛苦奠定了他最终的传奇。

"All in"创办X.com

1999年3月,拿着2200万美元的支票,马斯克兴奋不已,就在取支票的过程中,这个商业嗅觉极其敏锐的人,发现了一个新的商机。

当时康柏公司用邮寄的方式给马斯克兄弟寄支票,马斯克只好每天怀着激动而忐忑的心情去查收邮件。嫌麻烦的他于是产生了这样一个想法:都互联网时代了,为何不开发一个网上快捷转账支付业务呢?"银行不改变,我们就改变银行!"于是,最早的互联网金融企业——X.com诞生了。

这个名字让人联想到色情,大家都很反对,但是马斯克本人很喜欢。X代表未知,一切皆有可能,非常符合他第二次创业的野心——"创造真正有长远价值和影响力的东西"。

因为这次创业"不差钱",马斯克租下了一个豪华办公室,还配备了一辆价值100万美元的迈凯伦F1跑车和一架小型螺旋桨飞机。他这么做的目的,不仅仅是为了满足个人享受,更多还在于营销。

那些喜欢迈凯伦F1跑车的富豪,通常视其为宝物,平时藏在自己的车库里,只有出席重要场合时才偶尔开出去。而马斯克却天天开着迈凯伦F1跑车满硅谷跑,还经常把它随意停在X.com办公室旁边,任鸟屎覆盖车身。比起迈凯伦F1跑车的"珍藏"价值,马斯克更看重它的使用价值和宣传价值。

当时他请了美国有线电视新闻网的记者来专门拍摄他的豪车和X.

com 的办公室。在采访中，他制造了很多博人眼球的话题："全世界仅有 62 辆迈凯伦，而我拥有其中的一辆。""我大可以在巴哈马买个岛的，但我对于创立一家新公司更感兴趣。""创立 X.com 需要募集 5000 万美元，我只打了几个电话就搞定了，因为我的投资人都知道，我的新公司绝对是一个价值几十亿美元的富矿。"……这些略带炫耀的言论为马斯克本人和 X.com 公司赢得了广泛关注。

凭借这辆迈凯伦 F1 跑车，马斯克成功加入了兄弟帮俱乐部（Big Boys Club，美国富人车友社交组织），在这里，马斯克成功结识了甲骨文的创始人拉里·埃里森（Larry Ellison）和网景公司创始人吉姆·克拉克（Jim Clark）。也是在这些超级富翁的牵线搭桥下，马斯克才轻松筹集到了创业资金。

不得不承认，此时的马斯克已经具备了一个优秀商人的素养，他很会用低成本为公司谋取最大化的社会关注和投资。

马斯克把买车和飞机之外的钱几乎全投资在 X.com，对于新公司倾注了巨大热情。他的崇拜者对此赞誉有加："马斯克就是一个创业疯子，这么做要么大获成功，要么最后一无所有。"但也有人揭露，他之所以这么做，是因为美国税法规定，投资者如果在几个月之内把意外获得的资金迅速投入下一家企业，就可以钻税法的空子。

但无论怎么说，敢于把自己的个人资产都搭进新项目，这样的举动，本身就是一种非同寻常的魄力。要知道，当时的互联网创业者，都只肯拿出一部分家底来试一试，一旦成功赚到一桶金，都会将赚来的几百万资金藏进腰包。他们只肯用成功经历去游说别人来投资自己的新项目，而不舍得花自己的钱。像马斯克这样把 Zip2 赚来的钱大部分投资下一个企业的人少之又少。

虽然马斯克全情投入到这次创业之中，但一开局并不顺遂。当时用互联网手段来改造银行业，属于史无前例的创新行为。为了说服别人接受这一先进理念，马斯克做了不少工作。

"创立 PayPal（X.com 后来改名 PayPal）最重要的领悟，来自它的诞生过程。我们原先打算,用 PayPal 来提供整合性的金融服务,这是个很大、很复杂的系统。结果,每次在跟别人介绍这套系统时,大家都没什么兴趣。等到我们再介绍,系统里面有个电子邮件付款的小功能,所有人都变得好有兴趣。于是,我们决定把重点放在电子邮件付款,PayPal 果然一炮而红。"[1]

对此,马斯克颇有心得:

> 当初要不是注意到了别人的反应,做出改变,我们或许不会这么成功。所以,搜集回馈很重要,要用它来修正你先前的假设。

尽管合作伙伴接受了他的先进创业理念,但还是希望他在管理实践中采用较为传统的方式。其中,联合创始人弗里克就明确反对他的激进方式。于是,在 X.com 成立仅仅 5 个月后,弗里克发动了一场"政变",他要求马斯克让出 CEO 的位置,否则他就把公司里的人全部带走,成立一家属于自己的公司。

鉴于 Zip2 的惨痛教训,马斯克是不可能让出 CEO 位置的。两人对峙的结果就是,弗里克带着核心工程师离开,留给马斯克一个空壳公司和几个忠心耿耿的老员工。但是,有了创办 Zip2 的成功经历,马斯克一点儿也不在乎这场"政变"。在他看来,守着硅谷这个宝地,还怕招不来优秀人才?唯一需要的是,更多的资金进来。

为此,马斯克开始第二轮融资。信心满满的他在融资的时候,甚至都没有隐瞒公司的"空壳"现状。他的自信和坦诚赢得了红杉资本著名投资人迈克·莫里兹(Mike Moritz)的无条件支持。红杉资本投资过苹果、谷歌、思科、甲壳虫、雅虎等创新型公司,马斯克的个性和 X.com 的定位很符合红杉资本的投资调性。

---

[1]《成功的关键在于与顶尖人才共事》,马斯克演讲,2020 年 1 月。

正所谓"祸兮福所倚，福兮祸所伏"，在迈克·莫里兹的大力支持下，马斯克很快就招聘到了一群富有激情的实力工程师，公司的前景变得越来越清晰。核心人才集体出走，反而让马斯克对 X.com 公司的掌控加强了。

有了全新的团队，研发效率也大大提升了。不到 100 天，X.com 就开发出了世界上第一家网上银行。马斯克一激动，又自掏腰包，拿出 10 万美元激励团队内测。于是，到 1999 年底，X.com 正式向公众开放了。X.com 的创新之处在于它开发出了个人间的支付服务。

在营销推广上，马斯克再次展示了商业天赋。用户只要在 X.com 注册账户，就能收到 20 美元的现金卡，如果用户把 X.com 推荐给朋友，还能额外收到 10 美元的优惠卡。他还取消了银行惯用的手续费和透支罚款。这些举措，让 X.com 在短短三个月内获得了 20 万注册用户。

尽管二次创业伊始便充满波折，但在这个过程中，我们可以看出，马斯克明显成熟了很多。在创办 Zip2 的时候，他给人最大的印象就是典型的"非成熟管理者"。而这次创业在发生"政变"之后，他既没有妥协，也没有陷入和合伙人的"撕逼大战"，而是积极寻求解决方案，充分展示了一位理性创业者的优秀素养：以推动创业为第一原则，绝不陷入情绪之中，只做问题的解决者。

竞争对手变合伙人

当 X.com 公司正式步入正轨之后,很快他们便迎来了一位极富威胁的竞争对手——Confinity 公司。

Confinity 公司的创办者麦克斯·列夫钦(Max levchin),和马斯克一样,属于硅谷传奇人物。很多人对麦克斯·列夫钦并不熟悉,但他先后参与创业的公司却是大家都耳熟能详的公司:PayPal、LinkedIn、YouTube、Slide、Yelp、Yammer、SpaceX。2010 年 8 月,谷歌买下了麦克斯·列夫钦创办的 Slide 公司,麦克斯·列夫钦随即成为 Google 的骨干人员,一年后高调离开,最终成为 SpaceX 的研发干将。

麦克斯·列夫钦仅比马斯克小 4 岁,1975 年出生于当时还属于苏联的乌克兰。1986 年,切尔诺贝利核电站发生爆炸事故,麦克斯·列夫钦的人生也因此发生转变。麦克斯·列夫钦家距离切尔诺贝利核电站只有 100 公里。爆炸发生之后,麦克斯·列夫钦的父母带着全家逃离乌克兰,来到了美国,就像马斯克逃离南非的反种族隔离运动一样,他们都不想把有限的生命卷入巨大的风险。

麦克斯·列夫钦一家初来美国,生活很艰辛。但他和马斯克一样,是个无可救药的电脑迷,年少的他通过一台二手电脑自学成才,成为一位谙熟加密技术的编程高手。和马斯克一样,麦克斯·列夫钦也被网景公司创始人马克·安德森的传奇故事影响,他大学进了伊利诺伊大学的香槟分校,志在成为和偶像一样的互联网大咖。后来他还进入斯坦福大学学习过经济全球化的相关课程,在那里结识技术同好——彼得·蒂尔,两个人一起在硅谷创办了 Fieldlink 公司,后改名为 Confinity 公司。

和马斯克第一次创业的时候一样,麦克斯·列夫钦不得不选择艰苦奋斗之路。他向 X.com 公司租了一间杂物间作为办公室,还时不时蹭网。一开始,两家公司关系融洽,但不久就因为业务相似而分道扬镳。Confinity 搬离了 X.com 的办公区,另立门户,和 X.com 直接竞争。

为了从对方手中抢走客户,双方在产品研发和营销推广上展开激烈竞争。为此,两家初创公司都投入了数千万美元。在这场烧钱竞赛中,马斯克充分展示了敏捷思维和职业风范。他不断修正计划,以打击对手在诸如 eBay 等拍卖网站上建立起来的优势。这一阶段,马斯克又开启了疯狂加班模式,他每天只休息 1 个小时,在他的影响下,X.com 员工被迫跟着每天工作 20 个小时。

恶性竞争只会造成双输的局面,长期对峙对于创业公司是极其不利的。X.com 与 Confinity 的创始人都是聪明人,他们都明白这个简单的道理,只是得有个人先站出来喊停。这个人就是马斯克。作为老大哥,马斯克发出了合并邀请,麦克斯·列夫钦点头同意了。2000 年 3 月,X.com 与 Confinity 合并成为一家公司。新公司的名字沿用 X.com。马斯克任董事长,原 X.com 公司 CEO 比尔·哈里斯升任新公司 CEO。放弃公司的名字,以及一些人事任免,原 Confinity 公司的人肯定心有怨言的,这就导致了后来的内讧。

合并完成后,新公司拥有超过 100 万用户,于是有了新的融资资本。事实上,马斯克很快就从德意志银行和高盛集团等投资机构那里融到了 1 亿美元。创业一年多,成功融资三次,不得不佩服马斯克的商业魅力。

志同道合的人,最终会走到一起。X.com 和 Confinity 的合并,一时间成为硅谷创业史上的一段佳话。不过,好景总是不常在。公司合并总是麻烦事不断。越是同质化公司,合并后问题反而更严重。从同质化竞争到同类项合并,绝对不是一个"开心消消乐"的过程。

同行相轻在工程师界同样存在。同样是搞技术的,但膜拜的偶像也会有所差异。比如，马斯克偏好微软的数据软件，而麦克斯·列夫钦则青睐 Linux 开源软件。两个领导人的个人偏好，最终引发了团队的磨合问题。于是，管理学上著名的阿尔布莱特法则——"集体性愚蠢"定律显现，聪明人扎堆反而会坏事。最经典的案例就是 1999 年美国宇航局气象人造卫星发射失败事件。

　　事情是这样的，一组工程师使用公里和公斤编写程序，另一组工程师使用英里和英磅运算。两组精英一起"努力"的结果，却导致悲剧的产生。X.com 和 Confinity 的工程师其实都是高手，但因为彼此看不上，导致无法形成技术合力，本来是要研发出当时世界顶尖的网上支付工具，结果适得其反，公司网站每周都会崩溃几次，面对网络诈骗行为更是无能为力。本来可以组成威震业内的技术团队，但合并后反而变得支离破碎、效率低下。

　　于是，马斯克面临创办 X.com 以来的第二次"拆伙"窘况。处变不惊的马斯克不以为意，铁打的营盘流水的兵，合作不成可以再招人。但事实上，他低估了危机。缺乏凝聚力且亏损严重，投资人和员工开始质疑他的商业决策能力。总之，比起第一次"政变"，马斯克这次面临的考验要严重得多。只可惜，他意识到的时候已经为时晚矣。

像乔布斯一样被赶出局

众所周知,乔布斯作为苹果的创始人,却曾被苹果公司赶出局。悲剧发生在 1985 年。这一年,乔布斯获得了由里根总统授予的国家级技术勋章。巅峰的背后往往就是深渊。乔布斯怎么也想不到自己在风光的时候会被人从背后下狠手。

其实,作为苹果董事会主席的乔布斯和苹果 CEO 约翰·斯卡利一直存在矛盾,两个人互相指责对方,试图把市场失败归结于对方。乔布斯指责对方过于短视,为了追求短期效益把价格定得太高;而后者则指责乔布斯根本不懂市场营销。两人经常在董事会上吵得不可开交。

最终董事会选择了约翰·斯卡利,乔布斯被迫离开自己一手创办的公司。虽然是自己走的,但这种耻辱感让他痛苦不已,乔布斯很快创办了 "NeXT" 电脑公司,继续他的事业之旅。12 年后,陷入困境的苹果公司,盛情邀请乔布斯回归苹果。

大概是老天故意考验,乔布斯被赶出局的经历,在马斯克身上也发生了。

2000 年 9 月,在公司起内讧的时候,马斯克却做了一个非常轻敌的决定:他要去观看悉尼奥运会。

其实,这次旅行属于蜜月旅行。他和贾斯汀早在 2000 年 1 月就结婚了,但由于公司的各种大小事情耽误,直到 9 月才开始蜜月旅行。婚后,马斯克把家变成了工作场所,总是一头扎在工作中,即使回到家里,心思也在 X. com。贾斯汀本来是一名科幻作家,为了家庭,牺牲了自已,却得不到和新婚丈夫一次深度而真诚的交流。这对新婚夫妻很快矛盾重重。为了挽救两个人之间的感情危机,蜜月旅行不得不提上日程。而且这次旅行也不是单纯的休闲活动,还带着为 X.com 进一步融资的目的。

让马斯克万万没想到的是,他和家人一上飞机,一场针对他的"弹劾"会议就开始了。麦克斯·列夫钦把原 Confinity 公司的人全部召集起来,联名向董事会提出申请,解除马斯克的一把手职务。如果董事会不同意,原 Confinity 公司的人马全部撤走,另组公司。

原 X.com 的老员工得知这一消息后,火速赶到公司,发现弹劾会议已经在召开了。忠心耿耿的部下拼命给马斯克打电话,却一直打不通。此时的马斯克正兴致勃勃地忙着登机。

当时,网上支付服务是最火热的创业赛道,各大公司都在争夺这块蛋糕。眼看着刚刚合并的公司又要解体,董事会只好同意麦克斯·列夫钦的要求。可怜的马斯克在飞机上接到了自己被罢免职位的坏消息,旅行的心情大打折扣。当飞机落地的时候,他已经被别人取代了董事长职位。不过他还是消化掉了负面情绪,表示尊重董事会的决定。但事情还是超乎他的想象,麦克斯·列夫钦们要的不只是他的一把手位置,而是要把他赶出自己创办的公司。

马斯克还同麦克斯·列夫钦及原 Confinity 公司的其他高管展开多次谈话,试图保留自己在公司的影响力。然而现实却是,他的努力并没有收获多大的效果,半年后,他在公司里的权力基本上被架空了。在这期间,大多数 X.com 的创始员工被迫选择了离职或被解雇。

2001 年 6 月,X.com 正式更名为 PayPal。因为 X.com 这个名字,原 Confinity 公司的员工觉得太粗俗了。Confinity 公司的联合创始人彼得·蒂尔被请了回来,接替马斯克,成为 PayPal 的董事长。一年后,PayPal 在彼得·蒂尔的领导下,注册用户突破 1200 万。

大势已去。马斯克接受了作为公司顾问的角色,并继续向它注资以增加自己的股份,成为 PayPal 的最大股东。有人称赞马斯克成熟了,他没有张牙舞爪地实行报复，能够继续为公司注资，真的很大度。有一个事实确实可以证明这一点：马斯克并没有和赶走他的"敌人"从此交恶，后来他和彼得·蒂尔、麦克斯·列夫钦、戴维·萨克斯（David Sacks，赶走马斯克的另一位幕后主使），一起担任都市喜剧片《感谢你抽烟》的制片人，且合作愉快。

不过要说他没有像乔布斯一样的痛苦反应，就有待商榷了。作为创始人，被赶下台，沉痛的心情只有他自己知道。我们只能从后续的事件中管窥：2017年7月，一切尘埃落定之后，马斯克竟然用1100万美元的高价从PayPal手中购得了该域名。此时，PayPal已经易主。马斯克在购买该域名的当天在社交媒体上发布消息称："感谢PayPal让我买回了这个域名！我现在还没有具体的计划，但对我本人而言，这项交易更多的是一种感情投资。"究竟是一种什么样的感情投资，才会让他高价购买自己一手创立的东西？

现实中，创业者因与合伙人、投资人发生分歧而被赶出自己一手创办的公司，这样的事情时有发生。很多创业者也会因此一蹶不振，很难东山再起。从这个角度来看，乔布斯和马斯克还是幸运的，他们一个重掌大权，一个变现成功。不过，幸运的背后往往都是实力在起作用。乔布斯和马斯克都属于打不倒的实力派。

前妻贾斯汀在总结乔布斯、马斯克、比尔·盖茨还有理查德·布兰森的成功原因时曾经指出："学会调节会让其他大部分人崩溃的重压。……他们不惧怕失败——或者说他们也害怕，但他们能很快调整过来。他们会遇到巨大的、难堪的、公开的失败，但会快速崛起，直到失败变成成功。当他们遇到失败时，难以置信的勇气和应变能力，会让他们学到他人不能或者永远不会学到的东西。"[1]

---

[1] 2015年在问答网站Quora关于"我如何能成为像乔布斯、马斯克、比尔·盖茨还有理查德·布兰森那么伟大的人物？"的回答。

PayPal 被 eBay 收购内幕

马斯克的职务被解除之后，PayPal 内部的斗争并没有因此而结束。

当时，PayPal 通过与电子商务公司 eBay 合作，用户数量不断增加，因此 eBay 的首席执行官、女强人梅格·惠特曼认为，PayPal 只是在利用 eBay 为他们自己赚取利润，她十分不爽。梅格·惠特曼想使用 eBay 自己收购来的结算服务提供商 BillPoint。但因为优良的服务，PayPal 得到了广大用户的强烈支持，并且用户人数还在不断增加，这是比梅格·惠特曼的手腕还要强大的力量。

另外，PayPal 新任首席执行官彼得·蒂尔开始寻找将公司出售的对象。将发展到一定程度的公司转手卖掉是硅谷最成功的模式之一。而且，彼得·蒂尔在做这一打算的同时，也在为公司上市做准备。为了以防万一，如果找不到好的出售对象，让公司上市也是一个不错的选择。

2002 年 7 月，eBay 和 PayPal 最终达成了协议，eBay 以 15 亿美元的价格收购了 PayPal。被收购后，PayPal 作为一个独立的品牌运营，继续优化属于他们的领先业界的在线支付方式。eBay 原有的 Billpoint 在线支付方式也在收购结束后正式退出，成为历史。

拥有 PayPal 12% 股份的马斯克，从交易中净赚约 2.5 亿美元，交完税后还有 1.8 亿美元。正是这笔巨额财富，使马斯克有资本去"解决太空问题"。

让 eBay 出到 15 亿美元，马斯克功不可没。虽然在公司经营上他被踢出了局，但转为顾问的他，却没有少操心公司的运作。当 eBay 的高管开始接触 PayPal 商量收购时，大多数人倾向于尽快卖掉。但马斯克力主"缓缓看"，在他的建议下，董事会拒绝了多次收购要约，每年不断更新财务数据，待价而沽，以期获得更高的价格。据说，当时一家韩国公司甚至没有经过协商签合同，直接电汇过来 500 万美元，PayPal 想把钱还回去，对方坚持不告诉地址。马斯克欲擒故纵的"缓缓看"策略，在交易结束之后看是富有成效的。

功夫不负有心人，最终等来了 eBay 主动报来的"天价"。尽管 15 亿美元在当时已经属于罕见的收购数字了，不过还是有一些人觉得 PayPal 卖亏了。PayPal 的首任营销总监埃里克·杰克逊就曾公开说过，PayPal 过早出售损失太大，当时的决定实在太糟糕了。

但更多人对马斯克的眼光持佩服态度。让我们把目光回溯到当时的时代背景：2000 年 - 2002 年正是美国的互联网泡沫时期。2000 年 4 月，科技股开始出现下跌。2001 年"9·11 事件"，加速了股市震荡，互联网企业首当其冲被波及。2001 年 - 2002 年，曾经风光无限的 IT 大公司都在疯狂裁人。在互联网寒冬之际，PayPal 及时退出实在是明智之选。

eBay 收购 PayPal 后，长达十年时间受益无穷。收购后的第二年，也就是 2003 年，eBay 在售的商品价值达到 70 亿美元，远远超越亚马逊，eBay 成为互联网销售之王。之后，支付业务稳步增长，上升为公司的最大业务。eBay 关闭 Billpoint 支付，导致 PayPal 的贡献越来越大，为二者"分手"埋下了伏笔。

2018 年 2 月 1 日，eBay 宣布将于 2020 年停止使用 PayPal 作为其后端支付服务，同时还公布了新的合作伙伴——PayPal 在全球市场上最大的竞争对手之一、成立于 2006 年的阿姆斯特丹支付公司 Adyen。从 2018 年下半年开始，eBay 开始将一部分支付业务交给 Adyen 来做。至此，PayPal 与 eBay 长达 15 年的纠葛，以彻底决裂收场。

eBay 与 PayPal 最终分崩离析，从根源上讲，是因为两者发展方向不一样。虽然他们共享海量客户，但是 eBay 是一个封闭的贸易平台，依靠局限于其网站的增长获取利润，而 PayPal 作为支付工具，旨在为尽可能多的平台提供服务。eBay 收购 PayPal，是希望像淘宝拥有自己的支付宝一样，可惜 PayPal 终究不是自家研发的，所以怎么控制都力不从心。

"PayPal 效应"

eBay 成功收购 PayPal，改变了整个硅谷互联网的生态环境，硅谷最大的传奇小团体——"PayPal 党派"自此也就诞生了。

收购完成后，PayPal 的重要员工陆续从 eBay 离职。不过，他们仍然保持着密切的联系，经常聚会，互相支持，因而被美国媒体冠上了"Paypal 党派"的称号[1]。之后的许多年里，这些重要员工前后参与或直接创建多家公司：Slide、LinkedIn、YouTube、Yammer、Yelp、SpaceX、Youniversity Ventures、Geni、Room 9 Entertainment 等。而且这些公司的最终市值都超过 10 亿美金。

PayPal 的两位创始人，作为"PayPal 党派"的核心人物，给这些创业者提供了很多帮助。彼得·蒂尔不仅创立了估值超过百亿美金的大数据公司 Palantir Technologies，还化身投资人，投资了 Facebook、Zynga 等一大批创新公司。PayPal 之所以能成为硅谷创业者的摇篮，在人们看来是因为企业文化使然。

PayPal 企业文化的缔造者彼得·蒂尔在和麦克斯·列夫钦在创业的时候就明确了，创立一家每个人都是好朋友的公司，不论公司发生什么事都不会影响彼此间的友情。PayPal 的名字由两部分组成：pay 是"支付"的意思，pal 是"好朋友""兄弟"的意思。为此，他们在招人的时候

---

[1] "PayPal 党派"最早出现于美国《财富》杂志 2007 年 11 月发表的分析文章。

格外用心：彼得·蒂尔负责从斯坦福拉朋友加入，麦克斯·列夫钦负责从母校伊利诺大学香槟分校找同学加入。这种员工介绍自己认可的朋友或同学加入的招募方式，让创始的员工之间，除了认同公司的理念外，也多了份情谊与默契。在创业的过程中，他们相依为命，一起吃饭、加班、睡觉、打游戏，这段患难与共的岁月为他们后来的友谊奠定了基础。

说了如此多，这其中自然属马斯克名气最大，是"PayPal党派"最耀眼的明星，但是他却被"PayPal党派"排斥。eBay收购PayPal之后，PayPal首任营销总监埃里克·杰克逊出了一本书《支付战争：eBay战争、媒体、黑手党和其他的一切》，其中在介绍马斯克的部分，将他塑造成一个在每一个紧要关头都会做出错误决定且极端自私的人。后来硅谷著名的八卦博客"硅谷八卦"也开始传播马斯克的负面消息。网站的首席作者欧文·托马斯挖掘出了Zip2和PayPal公司的历史，爆料马斯克作为CEO曾经被公司驱逐，他算不上PayPal的联合创始人，将他形容成一个滥用他人资产的职业操盘手。这些无疑对马斯克的企业家形象造成了不可逆影响，不过这一切在马斯克的伟大成就面前都烟消云散。

对此，马斯克非常生气，他一怒之下写了一封长达2200字的邮件给"硅谷八卦"，以正视听。在这封邮件里，马斯克不仅尖锐揭露埃里克·杰克逊是无关紧要的员工，他对于公司高层的内幕一无所知，作为亲Confinity派，只知道美化Confinity团队，矮化马斯克和X.com团队，还回应了自己作为董事长对于PayPal的重大贡献，"其中包括他的第一大股东的角色，对于顶尖人才的招聘，创造了公司许多成功的经营理念，在任职CEO期间公司规模从60人发展至几百人"。[1]

马斯克的说法被《硅谷钢铁侠：马斯克的冒险人生》的作者所证实。作者阿什利·万斯（Ashlee Vance）采访了大批PayPal的员工，这里面

---

[1]《硅谷钢铁侠：马斯克的冒险人生》，（美）阿什利·万斯（Ashlee Vance）著，周恒星译，中信出版社，2016年4月。

既有 Confinity 团队的,也有 X.com 团队的,他们对于马斯克的贡献形成共识,对于"马斯克不能算作 PayPal 真正的联合创始人"这一说法以及其他扭曲、丑化他的说辞表示愤怒。

根据 Zip2 和 PayPal 这两次创业经历,很多人都认为马斯克"不是当 CEO 的料",他的成功主要靠运气,沾了互联网红利期的光。然而,时间给了我们最好的答案。马斯克用接下去的行动证明了他不仅能当好 CEO,而且他的创业成功从来不是靠运气。他和"PayPal 党派"其他成员格格不入,是因为他本质上就是一个与众不同的人。

不过,马斯克和"PayPal 党派"其他成员最大的相同之处是,他们凭借 PayPal 的变现,实现"财务自由",原本可以什么都不用干,提前退休享受生活,但他们都选择回到硅谷,继续开始每周工作上百个小时的创业生活。这种"瘾君子"式创业精神,影响了无数年轻人,他们追随"PayPal 党派"的脚步,把硅谷变成了全世界的创业中心。

小结：不拘一格凝聚人才

PayPal 开创了互联网金融的先河，作为共同创始人的马斯克，虽然被"PayPal 党派"其他成员排挤，但是他对 PayPal 的贡献有目共睹。PayPal 的成功，马斯克功不可没。

通过马斯克创立 PayPal 的经历，我们可以总结出以下三点启示：

1. 千万不要"自嗨"

PayPal 创立时期，正处于互联网创业的风口期。机遇是一回事，能不能抓住机遇是另外一回事。即便是马斯克这样的硅谷精英，在创办 PayPal 的时候，也走了很多弯路。他后来在演讲的时候如此总结 PayPal 的成功：

> 创立 PayPal 最重要的领悟，来自它的诞生过程。我们原先打算，用 PayPal 来提供整合性的金融服务，这是个很大、很复杂的系统。结果，每次在跟别人介绍这套系统时，大家都没什么兴趣。等到我们再介绍，系统里面有个电子邮件付款的小功能，所有人都变得好有兴趣。于是，我们决定把重点放在电子邮件付款，PayPal 果然一炮而红。但是，当初要不是注意到了别人的反应，做出改变，我们或许不会这么成功。所以，搜集回馈很重要，要用它来修正你先前的假设。

2. 要不拘一格凝聚人才。

在给创业者的建议中,马斯克给出的重要一条是:

> 企业是一群人集合在一起创造产品或服务。不论你要创业或进入企业工作,关键都在与顶尖人才共事。创业的话,更要想尽办法,找到最厉害的人才。

PayPal早期的招聘哲学是:从不聘请专业的招聘或猎头公司去招聘员工,而是采取一种病毒似的招聘模式,利用员工人脉网络进行招聘,旨在吸收和创始人类似的成员。他们还坚持不聘请职业经理人。

世界级风险投资公司红杉资本的执行合伙人、曾经担任PayPal首席财务官的罗洛夫·博沙对此总结说:"PayPal与谷歌的最大不同在于,谷歌希望招聘博士,而PayPal则希望招聘那些放弃博士学位的人,虽然谷歌的两位创始人属于放弃博士学位的人。这是两种完全不同的气质。"

这种只找"同类项"的做法,在创业阶段可以减少摩擦、提高效率,是很有利于团结的,但对于企业壮大来说,却是不利的。企业到了一定阶段,必须招聘各式各样的人才。

PayPal与X.com公司合并后,马斯克一直努力改善团队成员单一化的局面。他确实通过自己的人际关系,为PayPal招聘到很多人才,组建了成熟团队。也正是因为如此,他才遭到原Confinity公司人员的集体抵制,最终原X.com公司的员工和马斯克被排挤出局。

这段"政变"经历让马斯克坚定了人才多元化的信念。在后期的创业经历中,他也吸取了教训,创业不仅要找顶尖人才合作,还必须想尽办法控制他们。

3. 套现也是一条出路

促成PayPal和eBay的"天价"交易,是马斯克对PayPal的第三大贡献。

如果资金吃紧,或者团队出现内讧,那么及时套现也不失为一种明智的选择。而套现是一门学问。马斯克告诉创业者,只有学会和资本博弈,你才能获利最多。突如其来的"PayPal政变",对马斯克的打击很大。但他用冷静和智慧为自己争取到了利益最大化,在他的幕后操纵下,PayPal最终被eBay用"天价"收购。

PayPal的经验带给创业者的启示是,套现一定要"待价而沽",不要想着在危机的时候快速出售,而要有"钓鱼"的耐心,多寻找卖家,在众多卖家中寻找出价最大方的,等筛选出目标后也不要急着出手,如果对方诚心收购,就会多次报价的,你只需要再多一点耐心。

第四章

改变世界的激情大于金钱

——创办 SpaceX

地球人口已经突破了 70 亿大关,不久的将来会达到 100 亿。随着二氧化碳排放量的增加,全球变暖,气候、环境等方面的自然灾害频频发生,淡水资源不足、粮食危机等问题也日渐突出,地球真的能够容纳这么多人吗?马斯克思考的结论是:"迟早有一天,人类要移居到地球以外的星球上去生活。"在这样的动机下,他开始将精力转向研发可以将人类送上火星的火箭。成功看似遥不可及,但马斯克对此却深信不疑,他认为这是可以实现的。2013 年,美国媒体这样介绍马斯克:"世界上只有四个国家掌握了卫星发射和回收技术,它们分别是美国、俄罗斯、中国和马斯克。"

向 NASA 发起挑战

20 世纪 80 年代，美国兴起了一个"太空探索及发展学生组织"。这个组织的成员包括亚马逊创始人杰夫·贝佐斯，谷歌创始人拉里·佩奇，与比尔·盖茨共同创立微软的保罗·艾伦，《毁灭战士》游戏的制作者约翰·卡尔玛克，以及老一辈的互联网企业家吉姆·本森，他们都是太空爱好者。

这其中，杰夫·贝索斯最为疯狂。在 5 岁看到阿波罗登月宇航员尼尔·阿姆斯特朗和巴兹·奥尔德林在月球上行走的时候，他便被吸引，自此便彻底迷上了科学、工程和探索。14 岁时，杰夫·贝索斯便立志要当一名宇航员或物理学家。家里的车库被他改成了试验室，堆满了真空吸尘器做成的水翼船和雨伞加工出的太阳能灶具。

后来，杰夫·贝索斯创办了亚马逊，大家以为这就是他的事业巅峰了。殊不知，2000 年杰夫·贝索斯建立了"蓝色起源"公司，正式进入宇宙探索领域。"蓝色起源"的 LOGO 是一句拉丁文——Gradatim Ferociter，即"不断前进，永不言退"。杰夫·贝索斯旨在发明一种类似胶囊的新型轻便火箭，送游客到外星。人们这才发现，亚马逊只是杰夫·贝索斯的人生序曲，杰夫·贝索斯是在用亚马逊实现自己的宇宙梦。

我们不知道隆·马斯克究竟有没有受到杰夫·贝索斯的影响，但两者创立太空公司的时间相差仅仅一年。就在杰夫·贝索斯创立"蓝色起源"的第二年，马斯克创立"火星绿洲"，公司名字都有点儿呼应的感觉。

2001年6月，X.com公司更名为PayPal，马斯克失去了公司的实控经营权。在过生日的时候，他无限感慨，自己不再是初生牛犊不怕虎的创业者了，必须寻找真正有长远价值、对人类未来有所贡献的项目。此时的硅谷也令他失望：一方面，创业者要么奔着钱而来，要么为了炫耀创业很酷，"用科技改变未来"的初心已发生改变；另一方面，风投公司携资本号令天下，一切围绕利润转。他希望自己接下来的创业，能够激发大众对科学的热情，以及征服未知和技术创新的热情。

在PayPal计划上市的前一天，马斯克与他在宾夕法尼亚大学的研究生室友阿迪奥·睿西开车从长岛汉普顿海滩驶回纽约。这位室友刚刚以8800万美元卖掉自己的互联网公司。两个人都在酝酿下一次的创业项目。这次见面算是一次头脑风暴。

在堵车的时候，马斯克随口一问："什么是最有可能影响人类未来的？"

室友开玩笑地说："太空飞船。"

说者无意听者有心，马斯克开始认真思考这件事了：目前地球人口已经突破70亿大关，不久的将来会达到100亿。随着二氧化碳排放量的增加，全球变暖、气候异常现象频频发生，淡水资源不足和粮食危机等问题日渐突出，地球真的能够容纳这么多人吗？马斯克思考的结论是："迟早有一天，人类要移居到地球以外的星球上去生活。"

那么，有没有人已经开始做这件事了呢？

马斯克第一个想到的是NASA（美国国家航空航天局），他很想知道NASA什么时候会登陆火星。于是，他在车上迫不及待地打开手提电脑，登上NASA网站，浏览了半天，发现NASA并没有火星登陆计划。"我以为NASA早就准备去火星了，结果他们什么计划都没有。"在失望之余，马斯克做出了一个令室友震惊的决定："NASA不做，我们来做。"

事实上，NASA不是没有计划，而是不敢去做。把人类送上火星，早就在 NASA 的计划之列。但高昂的研发成本让 NASA 不得不放弃了该计划。1998 年，NASA 粗略估算了一下从地球到火星的载人飞行费用，得出的结论是：至少 5000 亿美元。投入这样一大笔经费，结果却仍未可知，对于政客来说，显然是个麻烦，没有人肯拍板。

作为"民间创业者"，马斯克一直想干一件大事，NASA 不敢做的事情，显然符合他接下去的创业"标准"。说干就干，2001 年 7 月，马斯克举家南迁到洛杉矶，和阿迪奥·睿西一起成立了一家"火星绿洲"公司，不知道取名的时候有没有对照"蓝色起源"。

之所以搬到洛杉矶，是因为这里可以接触太空行业。霍华德·休斯 (Howard Hughes)、美国空军、美国航空航天局、波音公司等都在洛杉矶及其周围地区展开了大量的航空类生产制造活动和尖端试验。只要留在洛杉矶，就可以接触到世界顶尖的航空业人士，他们可以帮助马斯克实现梦想。

按照马斯克的计划，先将农作物种到火星上，为人类移民火星做好物质准备。问题来了，谁来把农作物搬到火星？用什么工具运输？马斯克和阿迪奥·睿西对太空工程没有经验，他们需要帮助。

马斯克通过非营利组织"火星学会"慢慢接触到了航空专家。2001 年 8 月，"火星绿洲"公司成立后一个月，他联系上了犹他州的航空航天顾问吉姆·坎特雷尔。

1989 年，坎特雷尔被法国航天局聘请，在法国的图卢兹从事火星计划研究。1993 年，坎特雷尔回到美国，任职于航天动力学实验室，负责试验各种美俄之间联合导弹防御项目。2001 年，坎特雷尔开始开展独立咨询，担任私人资助的 COSMOS1 号太阳帆项目经理。这是世上第一个太阳帆飞船，从俄罗斯潜水艇上改装的弹道导弹而来。2002 年，坎特雷尔成立了战略太空发展公司，为多国政府提供国防和民用太空战略规划，还为政治候选人提供太空国防策略。

在坎特雷尔的人脉关系下，他们开始全世界逛火箭市场。一开始考察的是欧洲市场，后来集中去"便宜"的俄罗斯火箭市场。马斯克去了四次俄罗斯，他想买三枚最大的洲际导弹。他们与俄罗斯太空计划的相关人士多次会谈，都没有结果。马斯克想用2100万美元买三枚火箭，对方一枚叫价2100万美元。一气之下，马斯克决定自己造火箭。

2002年1月，PayPal即将上市，马斯克在里约热内卢的沙滩上度假，旅行中一直在读《火箭推进基本原理》。旅行结束之后，他又读遍了关于火箭的大学教材，得出"火箭的总成本可以大幅降低"的结论，并列出了造火箭的计划进度表。

2002年6月，"火星绿洲"改名为太空探险技术公司（Space Exploration Technologies），简称SpaceX。31岁的马斯克郑重宣布，他是开拓太空的第一个普通公民，SpaceX开始挑战只有NASA才做的火箭事业。

自己制造火箭，让马斯克重新燃起创业激情。尽管结果犹未可知，但是他说：

> 钱和快乐之间没有直接的联系。对我来说，我要做的是有意义的事情，尽我的所能去改变这个世界，让人类生活变得更加美好，这是我倍感快乐的事情。为此，我不介意冒险。

相比"太空探索及发展学生组织"成员保罗·艾伦和理查德·布兰森等致力于在太空旅行上赚钱的商人来说，马斯克和杰夫·贝佐斯更像是一类人，他们基于强烈的个人兴趣，更关注于探索太空本身。

四处兜售想法

公司成立,目标确定之后,接下去马斯克就开始四处融资了。

他首先找到的是斯坦福校友兼好朋友史蒂夫·尤尔韦松。后者是 DFJ 风投资金的合伙人,出资 100 万美元投过 Hotmail,后又 4 亿美元将其出售给微软,闻名于硅谷。

1999 年,马斯克创立 X.com 前,与史蒂夫·尤尔韦松谈了网上银行的想法,后者有投资的意向,但还没有敲定,红杉资本捷足先登。这一次,马斯克又找到了这位老朋友,一个重要的原因是,史蒂夫·尤尔韦松也是太空迷,是阿波罗 11 号太空船的收藏爱好者。两个人当初能成为朋友的重要原因就是对于太空探索的共同爱好。

所以,当马斯克把自己要制造火箭的计划告诉对方时,对方立马展现出浓厚的兴趣。

然而,史蒂夫·尤尔韦松带着马斯克为 SpaceX 融资的时候,长达几个星期,处处碰壁。毕竟私人发射火箭,这个项目太大了,没有投资公司敢接盘,他们还是更看好互联网项目。

"SpaceX 的目标,就是用先进的火箭技术,通过特别的方法,尝试破解一个问题。这个问题,我认为对于人类成就航空文明至关重要,那就是拥有一个快速和完全可重复使用的火箭。"

"如果不在火箭的可重复使用技术上下功夫的话,星际航行根本就是天方夜谭。"

"SpaceX 的终极目标是要让人类移民到火星,让人类有可能在地球天灾人祸的尽头,找到新的家园,而不是受困于地球的束缚。"

当马斯克把自己的这些宏大设想讲给投资者听的时候,得到的反应大同小异:"火星?听起来像科幻片!""异想天开的毛头小伙子!"

就连一个好朋友也这样唱衰他:"不少亿万富翁都被工程师的花言巧语蒙得晕头转向,结合我的头脑和你的资金,我们可以建造一艘火箭船,这不仅有利可图,还能开创太空事业的新纪元。工程师在接下来的两年里都会拿着有钱人的资金到处忙活儿,直到有一天有钱人觉得没劲了,项目就无疾而终了。至于埃隆,大家提到他时都是一声叹息,说道:'好吧,他本来只需要花 1 000 万美元送老鼠上太空,但现在他却要花几亿美元,然后像他的前辈一样什么也没做出来。'"

融资失败,马斯克并没有因此而放弃。

靠人不如靠己,别人不敢干的,那就自己干。马斯克孤注一掷,自己掏钱往 SpaceX 里投了 1 亿美元。这笔钱是他刚从 PayPal 和 eBay 的交易中变现出来。有人开玩笑说,有了这么一大笔投资,再也没有人能够像当初收购 Zip2 和 PayPal 那样把 SpaceX 的控制权从他手中夺走了。

这太冒险了,朋友们为了阻止他,特意在视频网站 YouTube 上收集了一系列火箭炸毁的视频。马斯克并没有被吓倒,他说:

> 世界需要 SpaceX 这样的公司。做不可能的事,本身就是有趣的。如果失败得不够多,说明不够创新。我做 SpaceX 公司,不是为了最高投资回报率。我知道很有可能失败。我知道开创一个火箭公司是非常冒险的,但我坚信,我们是太空探索的先行者。

创新有微创新和彻底颠覆,马斯克更青睐后者。之前两次互联网创业,他都没有跳出行业圈子,竞争者太多,对于马斯克来说,成就感并不是很强,充其量只是积累经验和原始资本。这一次,做别人从来没有做过的事情，才是他的"天命所归"。

前面写到，航天技术是马斯克在学生时代就看好且向往的领域。此前的互联网创业就像杰夫·贝索斯创立亚马逊一样只是序曲，创立SpaceX公司，马斯克的人生才进入"正轨"。

就在马斯克即将开始火箭研发的时候，意外的悲剧发生了。他的妻子贾斯汀生下了一个男孩儿，结果毫无征兆地夭折了。当时，他们按照医生的指导，给已经睡着的孩子掖好被子，让他平躺着睡觉，当他们再次查看的时候，孩子已经停止了呼吸。医生的诊断结果是因缺氧太久而脑死亡。这件事对马斯克的打击很大，但是他却对人闭口不谈。贾斯汀为了让自己从悲痛中走出来，开始尝试试管婴儿，以尽快再生一个孩子。在接下来的5年里，他们生了双胞胎和三胞胎。

而马斯克走出悲痛的方式是，加速推进火箭研发工作。儿子夭折之后，马斯克让自己埋首于SpaceX的工作中，并迅速对公司的目标进行了扩充。他和航天承包商们讨论SpaceX可能开展的外包工作，但结果却让他很失望。在总结了"阿波罗"号飞船、X-34/Fastrac型火箭和以前的其他运载火箭项目的经验之后，SpaceX打算独立开发自己的"猎鹰"号火箭。

为此，他又花重金招聘了全明星阵容的专家级员工。他还依据自己的风格重新布置了SpaceX的办公室：在水泥地板上涂上一层环氧树脂涂层，墙上刷的是白色乳胶漆。整个工厂以白色系为主，这样看起来既干净又敞亮。办公桌四散在工厂里，这样一来，毕业于常春藤大学的计算机科学家、负责机器设计的工程师和负责制造硬件的电焊工、机械师都可以坐在一起。这一安排在业内算是一个重大突破，因为传统的航空公司都会让工程师和机械师分开工作，他们会在房租和人力都便宜的地方设立工厂，工程师和机械师往往相隔千里。

马斯克告诉他们："SpaceX将会开启美国火箭领域的新纪元，目标是成为太空行业中的西南航空公司。"

融资失败和儿子夭折事件,都没有浇灭他心中对于太空探索的那团火。对此,最熟悉他的贾斯汀如是说:"埃隆从小就害怕黑暗,所以一直不断向前,只有这样他才能生存下去。"

燃料泄露，火箭坠落

SpaceX 研发的第一枚火箭叫"猎鹰 1 号"，这是向电影《星球大战》中的"千年隼"号致敬。当时，发射一枚 550 磅载荷火箭的成本至少需要 3000 万美元，但马斯克承诺，"猎鹰 1 号"将能够搭载 1400 磅的载荷，并且只需要花费 690 万美元。

为实现这一目标，马斯克设置了近乎疯狂的时间表。SpaceX 最早的一份报告显示，公司将在 2003 年 5 月和 6 月分别制造出第一台和第二台火箭推进器，7 月完成火箭机身的生产，8 月一切装配完毕，发射台将在 9 月准备完毕，首次发射将于 2003 年 11 月进行，总用时仅 15 个月。

毫无疑问，马斯克是一个办事高效的人，但是用自己的高标准去要求员工，这是他重复在犯的错误。"猎鹰 1 号"并没有按照他的预期发射。尽管 SpaceX 的工程师们已经很卖命了，他们每周工作 100 个小时以上，但真正试发射还是比马斯克预期的晚了两年。

不过在这个过程中，马斯克表现出了前所未有的耐心和宽容。在"猎鹰 1 号"推进器的工程学测试中，有一次，工程师没能将一个燃料阀正确打开，造成整台推进器被炸毁；还有一次，整个试验台都被烧毁了。马斯克没有心疼设备，也没有骂人，而是耐心地对工程师说："没关系，冷静点。我们明天重新再来。"马斯克不能忍受找借口推脱或者缺乏明确的工作计划，但在工作中犯错或者由于不可控因素导致延误，他都是可以接受的。

为了鼓舞士气，马斯克有时候会直接参与实验过程。SpaceX 花 7.5 万美元为"猎鹰 1 号"推进器购买了几个冷却室，并向里面注水以测定其抗压能力。在前两次测试中，冷却室都破裂了。等到第三次测试，工程师们都不动手了，因为如果最后一批设备弄坏了就没法推进工作了。马斯克亲自上阵，冷却室又在同样的部位裂开了。当时，马斯克穿的衣服和鞋子都是意大利名牌，最后都弄脏了。因为他怀疑硬件存在缺陷，就把它们拆卸后放到地板上细细研究，事实证明，他的预测是对的，于是他就和工程师迅速采取行动，想出了解决方案。

为了缓解工作压力，马斯克还会跟大家一起打游戏。他允许工程师在特定的时间用工作电脑玩"雷神之锤 III 竞技场"和"反恐精英"之类的射击游戏。在游戏时间，子弹上膛的声音在办公室里此起彼伏，大约 20 个人同时持枪作战。马斯克在游戏中喜欢讲脏话来干扰对手，然后毫不留情地把自己的员工"炸死"。

通过这种现场参与和集体娱乐，SpaceX 公司形成了高效团结的团队氛围。不过，马斯克的苛刻本性并没有改变，他对于不合格的供应商和不称职的员工都是毫不留情的。他总是对人力资源干部说："如果你想解雇某人，就应该马上解雇，否则只会浪费彼此的时间。"

经过漫长的研发、生产与测试，2005 年 11 月 26 日，"猎鹰 1 号"火箭终于在马绍尔群岛共和国夸贾林环礁的里根弹道导弹防御测试站发射。从 1958 年开始，曾经有几十个巨大的火箭在这里发射升空。这里是美国空军"泰坦 3 号"和"泰坦 4 号"火箭的发射场。

由于当天的天气十分恶劣，所以倒计时推迟了 1 个小时。即使是这样，马斯克还是耐心地等待着"猎鹰 1 号"发射升空的那一瞬间，因为这是他迈向宇宙的第一步。然而，令人意想不到的是，在火箭发射之前，工作人员发现液体氧化燃料的设定出现了失误。他们原打算进行快速手工修复，却又发现主计算机出现了问题。结果，这天只能终止火箭发射。马斯克第一时间重新立下军令状："新的发射日期定在 12 月中旬。"

为了不让世人失望，他废寝忘食，狠抓进度。20天后，他们决定再次将"猎鹰1号"发射升空。但这一次幸运女神还是没有眷顾他们，火箭的燃料舱里出现了结构性缺陷，发射再一次被迫终止。马斯克再也不敢规定截止日期。

2006年3月24日，"猎鹰1号"终于成功冲上了南太平洋的上空。然而，就在马斯克和SpaceX员工激动欢呼的时候，"猎鹰1号"的燃料发生泄漏，引擎上方失火，1分钟后，整个火箭坠落大海。这一次，马斯克遭受了沉重打击。

但面对记者的提问："你为什么要冒着这么大的风险玩火箭？"马斯克却开起了玩笑："我在练习如何让财富缩水。"

然而，这次失败，只是个开端。

2007年3月22日，"猎鹰1号"再次发射，悲剧再次发生。发射7分钟后，火箭第二节的出口锥管撞上了第一节的级间段顶部，两节分离，第一节再也没有找到。

看到"猎鹰1号"没能成功发射，那些宇宙开发部门的专家幸灾乐祸地说："早就说过了啊，这是白费力气！"

当被记者问再次发射失败是什么心情时，经过第一次坠毁打击的马斯克反而淡定了起来："我已经做好连续资助3次失败的准备。大不了我把房子卖掉。"

记者追问："你确定最终能发射成功吗？"

马斯克如是回答：

瞄准月亮，如果你失败，至少可以落到云彩上面。

对内，他这样安慰员工："那些成功发射火箭的公司也是一路捡着残骸挺过来的，飞马火箭发射了9次，只有5次成功了；阿丽亚娜火箭发射了5次，只有3次成功；阿特拉斯火箭发射了20次，只有9次成功；'联盟'号火箭发射了21次，只有9次成功；'质子'号火箭发射了18次，只有9次成功。SpaceX将继续努力，无论上天入地，不成功誓不罢休。"

尽管马斯克如此信誓旦旦，但是公司很多人都知道，SpaceX账户的现金不足以支撑再失败下去了。负责火箭的两位高级工程师愧疚地提到了这一点，马斯克告诉他们，资金的事情不需要他们担心，自己一定会想办法解决。

艾森豪威尔将军曾经说过，指挥官具有乐观精神非常重要，如果指挥官不自信，没有热情、乐观的精神，战斗就无法取得胜利。在接二连三的失败面前，脾气火爆的马斯克给团队树立乐观向上的榜样，体现了一个干大事者的王者风范。正是他的态度激励着SpaceX团队继续钻研下去。

"猎鹰1号"发射成功!

2007年"猎鹰1号"第二次发射失败之后,SpaceX不仅没有放弃"猎鹰1号",还同时启动了"猎鹰9号"的研发。"猎鹰9号"拥有比"猎鹰1号"高出10倍的入轨能力和高出15倍的升空推力。这一年,在马斯克的鼓舞和督促之下,SpaceX的技术人员完成了"猎鹰9号"的详细设计讨论书,他们向美国NASA提出申请,耐心等待美国NASA的批准。"猎鹰9号"的发射是基于美国NASA主导的COTS计划,向国际空间站运送物资,计划由"猎鹰9号"火箭搭载SpaceX公司独立开发设计的宇宙飞船——"龙飞船"。

圈内人又开始嘲笑马斯克了:"'猎鹰1号'都没有发射成功,还痴心妄想推出'猎鹰9号'和宇宙飞船?如果申请能通过,也太没说服力了吧?"

然而,就在2007年8月,"猎鹰9号"搭载宇宙飞船"龙飞船"通过了美国NASA安全审查委员会第一阶段的审查。来自官方的肯定,无疑给马斯克增加了前进的动力。他带领SpaceX的技术人员开始攻克之前一直头疼的高难度问题。马斯克"每天十几个小时十几个小时连续发疯似的工作,从拼命工作转为疯狂工作"。

2008年8月2日,"猎鹰1号"第三次发射。然而,这一次幸运女神又给马斯克开了一个玩笑。"猎鹰1号"从太平洋夸贾林环礁的美国空军基地发射升空,仅两分钟后,火箭开始震颤,发出异常声音,最终与地面失去联系。

SpaceX 公司 350 名员工全部陷入了恐慌。他们知道媒体将用更加恶毒的语言来攻击 SpaceX 和他们的老板。因为这次发射过程中，"猎鹰 1 号"上搭载着美国国防部和 NASA 的 3 颗人造卫星，以及 208 名希望将骨灰撒向太空的死者的骨灰。死者中包括曾经出演著名科幻电视剧《星际迷航》的美国已故演员詹姆斯·杜汉和"阿波罗 7 号"太空飞船宇航员戈登·库珀。他们的骨灰，连同"猎鹰 1 号"坠入了大海。

俗话说，事不过三，此时已经是"猎鹰 1 号"第三次发射失败了，SpaceX 公司的高级工程师再也坚持不下去了。他们希望马斯克能够"放过"他们。可是，已经 40 多个小时没有休息的马斯克此刻却用坚定的眼神告诉大家："SpaceX 至少已经成功完成第一阶段的发射，这已经是别人望尘莫及的重大进展。毫无疑问，SpaceX 将会成功发射进入轨道，请大家振作起来，准备第四次发射。我也会坚守岗位，绝不会放弃，我的意思是，Never！"他继续说：

> 既然我们选择了创新，就不能畏惧失败，而是从每次的失败中去咀嚼事物的本质。通过不断试验，终能成功。

他还叮嘱大家，不要操心资金问题。而所有人都知道，他的钱已经在火光中烧尽了。

不过，马斯克的这番表态，确实起到神奇的作用。这群本来对太空就充满狂热的人，被他一把火又点燃了激情，说到底，经过大浪淘沙，最终留在 SpaceX 的人都是不轻易放弃的人。虽然马斯克是一个严苛而不容易相处的人，但他身上的那种极客精神，对于同类人却极富感染力。

2008 年 9 月 28 日，装满燃料的"猎鹰 1 号"被再次运到了位于南太平洋里根弹道导弹防御测试站的发射台上。

上午 11 点 15 分，这一刻终于到来了。"猎鹰 1 号"伴随着轰鸣声发射升空，在蔚蓝的天空中持续上升：发射约 2 分 40 秒之后，第一节火箭安全分离；约 3 分 12 秒之后，整流罩分离；约 10 分钟后，火箭终于进入预定轨道。

"这是我人生中最美好的一天。"马斯克不断重复着这句话。

6 年前成立的向宇宙发射火箭的风险投资公司，今天终于取得了成功。"大家都因为成功兴奋不已，我们证明了自己一直以来所做的都是对的。"

迄今为止，花费在火箭开发和实验上的费用，以及三次发射失败的费用，总额已经达到了 1 亿美元。马斯克对 SpaceX 公司的员工们说："恭喜大家！我们取得的巨大成功都是大家努力的结果。"他诚挚地表达了感谢之情。三次失败没有让他一蹶不振，马斯克终于有机会说出这种类似玩笑的话："不是有句俗语吗？'有再一再二，没有再三再四'。"

马斯克终于摆脱了 2008 年那种糟糕的状态。

拿到巨额订单

布什总统 2004 年启动载人航天项目"星座计划",准备在 2020 年前让美国宇航员重返月球,并在月球上建立基地,为下一步把人类送上火星甚至更远的星球做准备。奥巴马竞选总统时表示支持"星座计划",但在就职后,奥巴马却并未对该计划表现出多大的热情。

2010 年 2 月 1 日,奥巴马宣布终止美国的重返月球计划,而将火星作为美国载人航天计划的目的地。"取消'星座计划',代之以一个更大胆的太空探索方案",奥巴马总统表示,将在未来 5 年内为 NASA 投入 60 亿美元,用于鼓励使用商业火箭。NASA 鼓励私营企业发展航天项目,承担搭载美国宇航员飞往国际空间站的任务。近地轨道载人飞行,也全部交给商业公司负责。

奥巴马政府要求 NASA,寻找国内有竞争力的公司研发载人飞船,恢复美国的太空运载能力。2010 年,NASA 启动了"商业载人太空飞行开发"(CCDev)计划,招标开发一款新型商业运载飞船和配套的火箭系统,用于将宇航员送上国际空间站。很快,NASA 收到了 22 份标书。

这其中有波音公司、联合发射同盟(ULA)、轨道科学公司、内华达山脉公司、蓝色起源公司、ATK 公司、SpaceX 公司等。SpaceX 标书中写着,公司即将发射的"龙飞船"能运送机组人员到国际空间站。

"龙飞船"的名字源自美国的民谣组合(由彼得、保罗和玛丽组成),

他们在20世纪60年代发行了一首名为《魔法龙帕夫》的广为流传的歌。这首歌的歌词是关于一只名叫"帕夫"的长生不老的龙及其玩伴的小故事。小时候玩伴跟帕夫形影不离，各种冒险，长大后，这个玩伴却不再对探险感兴趣了，导致帕夫整天很孤独。为了对抗"对冒险失去兴趣的大人们"，马斯克决定用这首歌来命名这艘宇宙飞船。

本来，SpaceX公司和这些实力强大的公司放在一起是毫无希望的，但是，马斯克刻意经营的人脉关系在关键时候起了作用。

奥巴马政府公布的最新美国航天发展战略，幕后顾问之一是马斯克的朋友——洛里·加弗（Lori Garver）。洛里·加弗女士在2008年奥巴马参加竞选时担任国家太空政策首席顾问。奥巴马当选总统后，她被提名为NASA副局长。有了这层关系，最终，SpaceX公司和波音公司、内华达山脉公司、蓝色起源公司一起成为14亿美元政府专款的享有者。

2010年4月15日，奥巴马总统在马斯克的陪同下，参观位于佛罗里达州卡纳维拉尔角空军基地的SpaceX发射基地。奥巴马参观了"猎鹰9号"发射台，以及载人型太空船实体模型。

2010年6月4日，"猎鹰9号"运载火箭发射升空，成功将"龙飞船"模型送入预定轨道。这是全球有史以来首次由私人企业将载人航天运输火箭发射到太空；也是自阿波罗11号登月以来，美国宇航界最让人兴奋的事件。截至目前，只有6个国家或政府机构完成了载人航天运输火箭发射：美国、俄罗斯、中国、日本、印度和欧空局。

"猎鹰9号"搭载"龙飞船"的发射成功具有里程碑式的意义，全世界的电视都进行了实况转播。第一位给马斯克打来祝贺电话的，是奥巴马总统。美国NASA局长则激动地说，"龙飞船"的发射成功标志着"美国再次成为太空探索的领头羊"，其重要性"怎么评价都不为过"。

这次成功发射，为SpaceX公司赢来了巨额订单。2010年6月20日，铱星公司与SpaceX公司签署最大的商业火箭发射协议，金额为4.92亿美元，计划在2015—2017年间，SpaceX从范登堡空军基地发射8次"猎鹰9号"运载火箭，将79颗"铱星"卫星送入太空。

"铱星"卫星通信系统是美国摩托罗拉公司设计的全球移动通信系统。"铱星"系统的空间组网部分是运行在7条轨道上的卫星,每条轨道上均匀分布着11颗卫星,组成一个完整的星座。它们就像化学元素铱(Ir)原子核外的77个电子围绕原子核运转一样,因此被称为"铱星"。铱星公司选择在美国空军范登堡空军基地、苏联拜科努尔航天中心、中国太原卫星发射中心、俄罗斯普列谢茨克航天中心成组发射"铱星"卫星。铱星公司开发的第二代"铱星"星座,共计81颗,SpaceX公司负责发射其中的79颗。

SpaceX公司创立8年,终于接到了商业订单。万事开头难,一旦有了第一单,后面的业务就变得顺理成章。2012年,SpaceX公司完成国际空间站的人员运送计划——商业载人飞行整合能力项目(CCiCap)后,成功获得了美国NASA16亿美元订单,预付金就高达4.4亿美元。

SpaceX是对马斯克能力的最好证明。"猎鹰1号"从夸贾林发射升空时,SpaceX还只是一个初创公司,等到"猎鹰9号"在范登堡空军基地发射成功后,SpaceX已经化身航天业巨头了。

SpaceX以令人咋舌的低价打败了它的对手们——波音公司、洛克希德·马丁公司、轨道科技公司;此外,它还能向美国客户提供别的竞争对手不能给予的安全感——这些竞争对手过去都依赖于俄罗斯和其他外国供应商,而SpaceX的所有机器零件都是在美国从无到有生产出来的。得益于低廉的成本,SpaceX使美国重新回到国际商用发射市场的舞台。马斯克终于成为笑到最后的人。

小结：低成本撬动大梦想

斯蒂芬·茨威格在《人类群星闪耀时》一书中写道："一个人生命中最大的幸运，莫过于在他的人生中途，即年富力强时发现自己生活的使命。"马斯克，无疑是早早就发现自己人生使命的幸运儿。

征服太空的想法，很多人都有，但像马斯克一样敢于将其视为人生使命且勇于实现的人，少之又少。SpaceX 的成功，某种意义上代表着人类征服宇宙的胜利。那么，SpaceX"梦想成真"的关键是什么呢？

1. 务虚与虚实相结合

SpaceX 的成功，首先离不开马斯克独特的思考模式：关注人类未来的愿景 + 宇宙第一原理。

一方面，马斯克是一个具有强烈使命感的超凡创业家，他对于 SpaceX 必将改变人类未来的信念矢志不移。

另一方面，他坚持用基于物理学基本定律去寻求答案——"如果你想创造一些不同的新事物，你必须应用物理学的方法，因为物理学真的可以弄清楚那些违反直觉的新事物，例如量子力学——这是非常违反直觉的。我认为这真的很重要。"他对于 SpaceX 有清晰的愿景，同时又只相信物理，坚持"第一原理思维"去获得从 0 到 1 的质变。

2. 永远只考虑可行性

有句话说，失败的人找借口，成功的人找方法。在 SpaceX，马斯克给同事立下的规矩是:永远不要争论"是否可行",而是要讨论"实现路径"。对于那些喜欢找借口,动不动就说"根本不可能"的人,马斯克"格杀勿论"。而每次解雇人,他都会接替那个人的工作,用实际行动证明,无论是什么项目,他都能完成。

经过大浪淘沙,最终留在 SpaceX 的是一群志同道合的精英工程师。他们没有西装革履,也没有老气横秋,而是精力充沛、乐观积极,像"永动机"一样工作。而在人才补充上,SpaceX 在招聘的时候,明确指出,"我们要的是特种兵,如果你不敢挑战高难度的任务,你不应该来这里"。马斯克曾经这样对员工说:

> 我希望你们每晚睡觉的时候头都会疼,这样就能养成用力思考和超前思考的习惯。

马斯克虽然管理严苛,但对于有理有据、分析性很强的观点,他也表现出很强的倾听耐心,并且乐于改变自己的想法。马斯克在 SpaceX 创业时期的表现,并不像埃里克·杰克逊在《支付战争:eBay 战争、媒体、黑手党和其他的一切》对他的描述:故步自封,在关键时刻做出错误决定。

3. 低成本竞争意识

SpaceX 火箭研发成功的最关键因素是低成本战略。在美国国防部和 NASA 的眼里,火箭的开发成本至少是 10 亿美元。这是"阿波罗计划"时代留下的认知。高成本研发费用,让政府的太空计划多次搁浅。政府不敢做的事情,美国波音公司等大企业自然不愿意去触碰。

在决定创立 SpaceX 的时候,马斯克曾经看到一份可行性研究报告,里面指出:美国官方制造和运行火箭的效率十分低的主要原因在于官僚政治。例如,研发火箭的工作人员动辄数以千计。马斯克立马心里有底了,从互联网行业走来的他很清楚,小团队完全可以更快地完成任务。

首先在人力成本上，SpaceX 就占据了优势。在具体研发过程中，马斯克更是严控成本，能省则省。

最终，"猎鹰 1 号"以 670 万美元成功发射。SpaceX 的成功，说到底是马斯克用互联网思维改造传统行业的一次伟大尝试。

第五章

找到撬动世界的杠杆

——创办特斯拉

阿基米德曾说过:"给我一个杠杆,我可以撬动地球。"特斯拉就是马斯克撬动世界的杠杆。将人类送上火星的火箭并不能马上制造出来,这一过程需要大量的时间。因此,为了尽量减少二氧化碳对地球环境的破坏,延长地球的寿命,马斯克决定先让电动汽车得以普及,使之代替会产生大量有害尾气的燃油汽车。在经营 SpaceX 的同时,他于 2004 年投资了特斯拉公司。期间,当媒体全都唱衰"特斯拉将要倒闭"时,马斯克表态:"即使所有的投资者都放弃了特斯拉,我也会继续支持它。"他毫不犹豫地将自己的 300 万美元个人资产注入特斯拉,帮助公司渡过了难关。

以投资者的身份创办特斯拉

现在很多人都知道马斯克是特斯拉的老板，但事实上，他并不是特斯拉的初始创办人。马斯克是半道投资的特斯拉，以最大股东的身份掌控了特斯拉。

早在读大学的时候，马斯克曾经多次思考过，引起温室效应的二氧化碳等气体会加剧全球的环境问题。而普及电动汽车，就可以减少汽车尾气的排放和对环境的破坏，还给人类一个健康的生存环境。

参与创办特斯拉的两个人，与马斯克一样迷恋电动汽车，其中一位叫斯特罗贝尔（JB Straubel）。斯特罗贝尔在14岁时，在二手车店第一眼看到高尔夫球场上用的电动球车之后，便被它深深地吸引了，随之他的心中就产生了一种想要制造一辆电动汽车的想法。25岁的时候，斯特罗贝尔还将保时捷944改造成了电动汽车，从此成了电动汽车的发烧友。斯特罗贝尔在斯坦福大学学习的是能源工程学，并取得硕士学位。

毕业后，他在罗森汽车公司工作过一段时间，从事混合燃料动力的开发工作。之后，他到一家名叫Volacom的宇宙航空公司担任首席技术官，主要从事由氢发电的飞机的研发。在Volacom，斯特罗贝尔发明了新型长航时混合电力推进系统并申请专利，随后授权给波音公司。

斯特罗贝尔在斯坦福大学学习工程时就认识马斯克，两个志趣相投的人可谓一见如故。2003年初，在洛杉矶的一家海鲜餐厅，斯特罗贝尔和Volacom的另外一位创始人，花了一顿午餐的时间，企图说服马斯克,希望他能认同并投资电动车这个潜力巨大的好产品。不过,他们的努力失败了,当时的马斯克没有表现出明显的投资意愿。

另外一位创始人叫马丁·艾伯哈德(Martin Eberhard)。他是一位连续创业家,他创办过新媒体公司(NuvoMedia),并开发出世界上第一台便携式电子阅读器——"火箭书"(Rocketbook)。

因为缺乏资金,他曾找贝佐斯和亚马逊投资,贝佐斯要求所有合同中都必须加上独占权条款,并希望能对未来的投资者持有否决权,艾伯哈德不愿在今后筹措资金时受到限制,于是双方的谈判破裂。后来,艾伯哈德与世界上最大的连锁书店巴诺书店达成协议,该书店和出版巨头贝塔斯曼同意各投资200万美元,买下了新媒体公司将近一半的股份。再后来,亚马逊研发出来了"Kindle",占据了美国90%的数字阅读市场。

马丁·艾伯哈德创立电子书公司并没有花太多心力,他更看重的是电动车事业。几乎在马斯克创建SpaceX公司的同一时期,马丁·艾伯哈德迷上了电动车。特斯拉是从丰田普锐斯身上得到的创业灵感。"普锐斯"是一款超级跑车。马丁·艾伯哈德发现,喜欢这款跑车的人,并不是为了省油,而是借此表达对环境问题的思考。于是,他产生了利用单一新能源来为这群有环保意识的高收入人士和社会名流打造超级跑车的想法。

于是,2003年7月,马丁·艾伯哈德与他的长期合作伙伴马克·塔彭宁携手创办了特斯拉电动车公司。没有自己的工厂,也没有自己的专利技术,经过多方面权衡,特斯拉与AC Propulsion公司展开技术合作。AC Propulsion公司比特斯拉还早介入电动车制造业,正是该公司1997年生产的电动汽车Tzero,点燃了斯特罗贝尔和马丁·艾伯哈德的电动汽车之梦。所以,特斯拉找AC Propulsion公司技术合作再正常不过了。

资金的压力一直是特斯拉电动车公司最头疼的问题。2004年2月,当AC Propulsion公司CEO汤姆·盖奇得知马斯克对电动车技术也很感兴趣时,就将马斯克介绍给了马丁·艾伯哈德和他的特斯拉团队。

马斯克最终向马丁·艾伯哈德创立的特斯拉公司投资 630 万美元,条件是他将拥有特斯拉电动车公司所有事务的最终决定权并出任董事长。相应地,创始人艾伯哈德担任首席执行官。马斯克入主特斯拉之后做的第一件事情,就是把 SpaceX 的公司章程和规章制度复制到特斯拉,并请给 SpaceX 设计 Logo 的专业人员给特斯拉设计 Logo。

三个月后,马斯克找到了斯特罗贝尔,邀请他加入了特斯拉团队,担任首席技术官。自此之后,特斯拉的联合创始人变成了三个人:马斯克、马丁·艾伯哈德和斯特罗贝尔。

与前面创业不一样的地方是,这一次马斯克是以一个投资者的身份介入,站在一个更高的层面上,审视电动汽车产业,谋定而后动。这也是他早期创业积累的血泪经验使然。正如俗话所言,"三十年河东三十年河西",马斯克自己也没有想到,变身投资人的他会把当年在资本那里受过的伤,施加给另一位创业者马丁·艾伯哈德。我们只能感叹,创业充满太多变数,事态的发展总是超出创业者的预期。

莱昂纳多想拥有的 Roadster

2004年10月18日,特斯拉启动了基于 Elise 车身及底盘以及 Tzero 动力的 Roadster 原型车研发工作。也就是说,一开始特斯拉是与英国莲花公司 Elise 和美国 AC Propulsion 公司共同研发 Roadster 的。创立于1952年的莲花汽车,曾推出过多款知名的赛车。特别是其在1996年,推出的"莲花 Elise"轻型跑车,备受车迷的推崇,Elise 车体由铝合金和纤维强化塑料制成,能极大程度地实现车体轻量化的目的。

当时,其他公司生产的电动汽车都是矮矮胖胖的笨重车体设计,而马斯克对特斯拉的要求是,必须推出谁都想拥有的超酷跑车,以此来吸引消费者的注意力,从而在市场中脱颖而出。他在对外宣传造势的时候反复强调:"我们生产的不是大众电动车,而是跑车。"

为了满足马斯克的战略定位,特斯拉的研发团队可谓费尽心血。然而,2005年1月27日,由斯特罗贝尔领导的18人工程师团队倾心打造的第一辆 Roadster 却被迫下线了。

斯特罗贝尔为 Roadster 设定了两个硬性性能参数:250英里的续航和4秒以下的0-96千米/小时加速。目的明确:作为超酷跑车的 Roadster 必须具备和大众认知当中的性能羸弱、续航有限的低速电动车完全不同的高性能素质。

然而,他们遇到的第一个挑战就是:将高能量的电池整合到紧凑的空间中,即时散热成为大问题。当初制定的电池自然冷却方案泡汤了。为此,斯特罗贝尔带领工程技术团队研发了一套复杂的液冷电池热管理系统,结果又导致新问题的产生:电池组重量增加让 Roadster 续航只能达到 170 英里。于是,从车辆的空气动力学性能、轮胎滚阻、制动卡钳、胎压、变速箱……特斯拉团队一点一点找原因,最终把 Roadster 的续航提升到 245 英里。

与此同时,原定的 4 秒以下的 0-96 千米/小时加速也成了挑战。达到这个加速能力的难度显然是被低估了。Tzero 的动力看上去能跑出 4.9 秒的成绩,但换到 Roadster 车体,就完全不行了。也就是说,特斯拉从 AC Propulsion 公司购入的大量技术许可可能都白买了。为此,特斯拉团队只好重新设计了动力组成件。此外,特斯拉还对 Roadster 碳纤维车身、铝合金框架、单速变速箱和数字控制器等做了多个重大改进。

另外,Roadster 在动力传递装置变速器设计上也很曲折。一开始采用的是世界上第三大汽车零配件公司——麦格纳国际公司的两挡变速器,结果在数千公里的行驶测试中出现了不稳定状况,特斯拉只好紧急改变设计,使用博格华纳公司的变速器。变速器临时更换是导致特斯拉接下订单但迟迟不能交付的主要原因。为了使用博格华纳的变速器,特斯拉团队不得不改良电气组件和冷却系统。

值得一提的是,因为预定客户怨声载道,为了抓紧交货,特斯拉的第一批 Roadster 车型使用的还是麦格纳国际公司的旧变速器,后面的 Roadster 才换上了博格华纳公司的新变速器。

从根本上来说,Roadster 前期研发走了不少弯路的主要原因是,明明是要研发最创新的电动跑车,却从别的汽车制造商那里买传统技术和零件。如果这些技术能够研发出特斯拉想要的超酷跑车,人家岂不是早就自己更新产品了?

原本定于 2006 年推出的 Roadster,直到 2008 年 2 月,才真正研发出来。特斯拉团队历尽千辛万苦制造出的 Roadster 到底是什么样的呢?

这是一款两人座的敞篷车,它有流线型的车体,超低的底盘像是吸附在路面上一样,让人印象深刻。因为采用 100% 电动化的设计,即使从车后面看,也不会发现排气筒这种影响汽车外观的装置。

这时，他们还启动了大规模的宣传，碧海蓝天、美女入怀、飞驰的自动驾驶汽车呼啸着，在高速公路上引吭高歌……这种让人心驰神往的广告轰炸，让很多有钱人动心。价值 10.9 万美元的汽车在美国开始预售后，著名好莱坞演员莱昂纳多·迪卡普里奥、布拉德·皮特、乔治·克鲁尼等人先后购买，使得 Roadster 一时成为人们谈论的焦点话题。

Roadster 的最高时速可达 201 千米，由此引发了好事者的疑问：新型的保时捷 911 Carrera S 和特斯拉 Roadster，哪个更快呢？著名的汽车媒体《SPEED》于是让特斯拉 Roadster 和保时捷进行了终极对决，并将视频放到了网上供车迷观看。在 0—400 米的比赛中，Roadster 取得了绝对性的胜利。从踩油门的一瞬间，Roadster 就可以发挥出最大的扭矩力，它在起跑时的优越性展露无遗。而且，它充一次电便能行驶 394 公里，打破了电动汽车以往的行程纪录。这个比保时捷起步还要快的实验，无疑为特斯拉博得了好口碑。

Roadster 的研发过程，体现了特斯拉无惧失败死磕到底的团队精神。特斯拉的三位领导者都是 IT 行业出身，他们善于解决软件问题。但创办特斯拉，他们面对的是硬件问题。在 IT 世界，电脑的故障很常见，多数情况下不会产生致命的影响。但是我们要知道，汽车一旦出了问题，后果便会很严重。一群没有成熟汽车制造经验的人聚到一起，即便都是技术达人，遇到挫折也在所难免。好在，特斯拉的技术人员都是不服输的人，他们乐于在黑暗中摸索。为了制造出当时最好的电动汽车，他们在失败和挫折的泥潭里不断纠错，反复测试，最终解决了核心技术问题。

与公司创始人决裂

2007年,特斯拉Roadster在美国加利福尼亚州洛杉矶圣莫妮卡高调发布,仅仅两周就接到了127辆订单。马丁·艾伯哈德作为特斯拉的创始人在媒体前侃侃而谈,这一年他还上了《财富》杂志年度创新人物排行榜。

但就在该年年底,这位"特斯拉之父"就被多家媒体报道已经从自己创办的公司离职了。2008年1月7日,马丁·艾伯哈德站出来证实了这个消息,他只作为特斯拉的一个股东存在。

那么,究竟是什么导致马丁·艾伯哈德被迫离开自己一手创办的特斯拉公司呢?他和马斯克之间存在什么样的矛盾呢?

第一,信念不同。

特斯拉这个名字是根据19世纪发明家尼古拉·特斯拉(Nikola Tesla)的名字取的。马斯克后来回忆说,当时还想取名叫"法拉第"。他也很喜欢电动机发明者、科学家迈克尔·法拉第,但是"法拉第"被竞争对手抢用了。尼古拉·特斯拉发明了世界上第一台实用型交流发动机。他也曾设计发明了双相交流发动机和三相交流发动机,曾作为助手在托马斯·爱迪生的公司工作,但由于二者的分歧最终分道扬镳,其分歧主要是围绕交流电与直流电的使用,后来历史证明尼古拉·特斯拉才是正确的。尼古拉·特斯拉也因此被誉为"把发明之父爱迪生掀于马下的人"。马丁·艾伯哈德希望自己成为像尼古拉·特斯拉般的颠覆者。

而马斯克则多次强调说,自己更喜欢特斯拉的"冤家对头"爱迪生。他的理由是:

> 因为爱迪生把自己的发明推向市场,让这些发明为全世界所用。如果能尽快普及电动汽车,减少有害气体的排放量,那将为我们人类延续生命争取到重要的时间。

简而言之,两者的最大区别是,马丁·艾伯哈德注重发明,马斯克则看重应用。无论是航空航天技术,还是电动跑车,马斯克内心深处更看重的是如何推向大众市场,而不是为了颠覆而颠覆。电动车对他来说,只是手段,而不是目的。相比较而言,马丁·艾伯哈德更像一个电动汽车"极客主义者",电动汽车是他的事业目的。

第二,投资隐患。

喜欢创新和颠覆的马丁·艾伯哈德,总是走在时代前沿。因为过于超前,所以很倒霉。他的电子阅读器"火箭书"因为过于超前,被"Kindle"后来居上。而他创立的特斯拉,也同样陷入了这样的命运。研发电动汽车是个极烧钱的活儿,马丁·艾伯哈德创立特斯拉的时候,没有人看好,而且当时硅谷懂技术的风险投资人根本没几个,刚卖出了paypal股份,手握巨款并且也对科技和电车充满期待的马斯克,是马丁·艾伯哈德的不二选择,迫于资金压力,马丁·艾伯哈德委曲求全,被迫接受马斯克担任董事长的要求。

马丁·艾伯哈德也曾幻想过,随着公司走向正轨,自己能够重新掌握大权。但事实上,马斯克在之后的几年间多次向特斯拉注资,并重新融资,根本不给他机会。从马丁·艾伯哈德接受马斯克投资的那一天起,两人的权力之争就埋下了伏笔。

这个悲剧的根源在于,同样作为硅谷连续创业家,马丁·艾伯哈德虽然在创新上不输马斯克,但是在变现能力上要比马斯克逊色。马斯克前面的创业看似失败,但实际上都捞到了真金白银,为后面的创业打下了坚实的物质基础。而马丁·艾伯哈德每次创业都有绝佳的点子，但因为总是仰仗于人，才最终失去自己的项目。

第三，研发分歧。

马丁·艾伯哈德和马斯克真正产生矛盾，是从研发Roadster开始的。在产品定位上，两个人一开始是英雄所见略同的，都希望通过打造高端跑车来达到颠覆效果。但是在研发过程中，两个人的摩擦越来越多。

比如在设计环节上的分歧，马丁·艾伯哈德希望Roadster的车身使用玻璃纤维材质，以求在轻量化的同时还可以减少成本。而在马斯克看来，他希望Roadster拥有完美的车身造型以突显其豪华感。在他看来："卖10万美元的汽车，不能看起来像个垃圾。"而马丁·艾伯哈德认为应该先回笼资金，随着核心技术的成熟和制造能力的提高，再生产普通大众负担得起的电动车。在马斯克的执意下，Roadster的制造成本逐渐提高，超过了10万美元。

与此同时，车辆零部件供应商的生产节奏也受到影响，就连双级减速器也没有研制成功。在2007年6月，距离预设的投产日期仅剩两个月，负责Roadster生产车间的人员明确表示，根本不可能如期完成任务。最讨厌拖延的马斯克，开始在各个方面向马丁·艾伯哈德施压。马丁·艾伯哈德拼尽全力，似乎也难以完成任务。

成本巨幅上升，投产计划受挫，作为CEO的马丁·艾伯哈德被迫为此负责，这让他很恼火。两个人的矛盾于是到了不可调和的地步。

第四，经营困难。

整体上来说，马丁·艾伯哈德和马斯克属于志同道合的创业者，尽管有一些分歧，但让二人最终分道扬镳的根本原因在于特斯拉始终打不开局面的业绩，而非个人恩怨。比起业绩长期乏善可陈，个人恩怨显得不值一提。

马斯克是个营销天才，他早早使得Roadster成为热门话题，但研发团队拖了后腿，迟迟无法实现产品落地。Roadster的生产进度十分缓慢，好不容易接到订单，却不能出货。失去客户和投资人的信任，后果不堪设想。就算马斯克是个融资达人，但一而再的延迟，也让他接下去将面临融不到资金的危险境地。

需要指出的是，长时间经营不善，特斯拉公司内部其实早就陷入了混乱状态。另外，同时期马斯克的另一家公司——SpaceX 太空探索技术公司也处于水深火热之中。这些都迫使马斯克痛下决心，解雇马丁·艾伯哈德。

2007 年 8 月，马斯克打电话告知马丁·艾伯哈德，他已经被公司董事会解除特斯拉 CEO 职务，改为技术总裁。2008 年 1 月，就在 Roadster 发售前，马丁·艾伯哈德离开了特斯拉。也就是说，这位特斯拉的原始创始人根本没看到自己研发的车正式上市。不久之后，被解雇的马丁·艾伯哈德就对马斯克和特斯拉提起了诉讼。

诉讼期间，马丁·艾伯哈德的信息依旧存留在 teslafounders.com 的博客上。诉讼一结束，马斯克就删除了马丁·艾伯哈德的博客痕迹。马斯克此举被指有意抹去马丁·艾伯哈德作为创始人的事实，让大家都以为他才是"特斯拉之父"。

不过，马斯克说自己是真正的"特斯拉之父"也不为过，毕竟他加盟前一年的特斯拉，充其量是一个小作坊，要资金没有资金，要技术没有核心技术，要经验没有经验，造的电动车样车还是 AC Propulsion 公司帮忙做的。

离开特斯拉的马丁·艾伯哈德，并没有放弃自己的电动汽车之梦。2009 年初，他成为大众汽车位于加利福尼亚帕洛阿尔托的电子研究实验室（ERL）的电动车设计总监。

"特斯拉将要倒闭"

马丁·艾伯哈德离开之后,特斯拉陷入破产境地,市面上开始不止一次流传"特斯拉将要倒闭"的消息。

为了应对危机,马斯克接连换了两个 CEO。两位 CEO 其实都很出色,且表现不俗,无奈特斯拉的问题实在太严重,而且时逢 2008 年,次贷危机致使美国陷入了经济不景气。这一年,大家的日子普遍不好过。

第一位 CEO 叫迈克尔·马库斯,上任之后出色地完成了特斯拉之前已经接受的 Roadster 订单,为特斯拉挽救了信任危机。但是他对特斯拉团队内部存在的问题却束手无策,此时人心涣散,特斯拉公司的创新精神已经消失不见。

第二位 CEO 叫泽夫·迪罗里,是位管理经验丰富的创业家兼职业经理人,他上任之后大刀阔斧地实施了一系列改革,裁掉了 10% 的员工,包括不少从公司创业伊始就为特斯拉工作的老员工。尽管如此,特斯拉公司也没有因此而拨开云雾见青天。

外界的期待越大,一旦不顺利,人们的反对和怀疑也就越多,有时候甚至会出现夸大和歪曲。

2008 年 2 月,特斯拉终于落地了第一辆 Roadster。预定的人很多,但到了出货日期却没能出货,难免引发质疑。"特斯拉公司是不是要倒闭了?"的质疑最早就是在这个时候传出来的。

面对质疑,马斯克采取了硬核应付措施:加速融资。就在当月,特斯拉完成了第五轮融资。这笔高达4000万美元的融资，来得并不容易，事后马斯克如是感叹："在通用汽车和克莱斯勒汽车都渐渐走向倒闭时，一个新兴电动汽车制造商想要筹集资金，真的比登天还难。"但效果立竿见影，这笔钱立马让质疑声消失了。

2008年10月，又有媒体开始爆料道："特斯拉的银行账户里只有900万美元。对于汽车价格为10万美元以上的高级汽车公司，这个金额简直不可思议。特斯拉要不行了！"传言的起因是特斯拉半年多时间只交出了27辆Roadster电动汽车，远远不及订单的零头。

马斯克一边承诺，"Roadster的交货和预付金由我个人来保证"，一边督促生产，加速交付，其结果是Roadster实际成本最后高达12万美元。原本定价10万美元，为了减少亏损，特斯拉售价提升至11万美元。这一举动引来预订客户的极大不满，没有人在乎特斯拉是在亏本销售，在洛杉矶举行的客户见面会上，愤怒的购买者集体围攻马斯克，他差点被打进医院。

当时次贷危机引发的连锁效应已经越来越明显，特斯拉已经无法从风投那里融资了。为了安抚人心，马斯克对外坚定地说：

> 即便所有的投资者都放弃了特斯拉，我也会一如既往地支持它。

对内，他这样对员工说："要么我自己投钱进去，要么公司倒掉，我不会马后炮地说如果我之前做了什么，现在就不会这样。"

他说到做到，当着大家的面写下了300万美元的支票，那是他账户里的最后余额。创办特斯拉以来，作为股东，他的钱包非但没有鼓起来，反而越来越扁，直至一分不剩。可是最后的300万美元，对于处境艰难的特斯拉来说，仍然属于杯水车薪，为此，他厚着脸皮哀求亲兄弟将个人财富投入到公司中去。最穷的时候，他连房租都是借来的。

他用坚定和乐观让世人相信，特斯拉屹立不倒。但面对亲朋好友，他不得不说出实话："我觉得自己要彻底完蛋了，婚姻、公司统统要没了。"当时，他的妻子贾斯汀·威尔逊正在和他闹离婚。

悬崖边上渡过一劫

中国有个成语叫"否极泰来",意思是说坏运到了头,好运就来了。2008年11月,在马斯克几乎无计可施的时候,转机出现了。他使出浑身解数,最终抓住了与德国戴姆勒公司的合作机会。

有一天,马斯克突然接到了一封来自德国戴姆勒公司的电子邮件,对方称会在六个星期后访问特斯拉总部。戴姆勒公司是奔驰的母公司,世界上资格最老的汽车厂家,全球第一大豪华车生产商、第二大卡车生产商。2007年,它刚刚收购美国第三大汽车制造企业——克莱斯勒集团。

马斯克之前曾经专门飞往德国斯图加特向戴姆勒高层推销电池动力组技术,但那次会面并没有打动戴姆勒。这封邮件让马斯克两眼发光,他立刻打电话给首席技术官斯特劳贝尔,要求对方一定要在六个星期内把戴姆勒的 Smart 车改装成电动车。

斯特劳贝尔知道很困难,但还是接受了这个任务,他停下手头的一切工作,召集所有的工程师进行研究。当时戴姆勒的 Smart 车在美国根本没有销售,于是马斯克立刻派人拿上护照和现金,跳上了一架前往墨西哥的航班。三天后,一辆全新的 Smart 停在了公司总部门口。

在接下来的五周时间里,特斯拉技术团队将 Smart 各种拆卸,装上特斯拉的电池动力不停测试。

在戴姆勒公司的工程主管来到特斯拉总部时,改装车一切准备就绪。但马斯克故意卖了一个关子,他先给对方展示了一份平平无奇的

PPT，最后才将改装好的电动版 Smart 车，作为惊喜展示给对方。戴姆勒公司的人大为吃惊，在试驾后果断同意和特斯拉合作。但是，德国人一向以谨慎出名，他们随后对特斯拉电池做了详细的评估。直到 2009 年 5 月，戴姆勒公司才决定投资 5000 万美元购入特斯拉约 10% 的股份。至此，特斯拉才在悬崖边上渡过一劫。

被问及为什么要向特斯拉出资时，戴姆勒公司的赫伯特·柯勒如是说："特斯拉开创了一个新时代，它拥有让我们参与到电动汽车行业的力量。"

一般来说，祸不单行，福无双至。但是一个人倒霉到极致，好事可能就会接二连三地到来了。就在戴姆勒抛来橄榄枝的同一个时间，马斯克还发了一笔"偏财"。

当时，为了面向台式电脑和笔记本用户的远程服务，戴尔公司决定出资 1.2 亿美元收购 Everdream 公司，而马斯克是后者的大股东。Everdream 是一家位于美国加州弗里蒙特市的软件 & 服务提供商。它的软件能够远程管理单独的工作站，服务的内容包括远程安全、认证、数据管理以及普通维护。戴尔希望收购完成后，捆绑的新服务能够使企业客户通过远程办公管理它们所有的 IT 运作。这项并购让马斯克亏空的个人账户，又变得"底气十足"。

特斯拉和马斯克的资金情况同时好转起来。渡过至暗时刻，一切变得豁然开朗。2008 年底，奥巴马当选总统，特斯拉再次迎来了转机。正所谓"新官上任三把火"，奥巴马上任之后，果决地提出经济振兴计划，以挽救困境中的美国经济。其中能源产业的转型和发展成为该计划的核心，以开展新能源产业领域革命的方式重塑美国经济，并大力实施绿色新政。奥巴马喊出了"让我们成为美国最终摆脱依赖石油的一代人"的口号，并发放各项新能源补贴资金，鼓励美国民众选择清洁能源和替代性能源。

奥巴马政府成为电动车的风险投资人。2008 年 12 月，美国能源部宣布，将提供 274 亿美元用于先进技术汽车制造业（ATVM）低息贷款计划,以帮助汽车制造商及供应商们达到联邦政府制定的节能标准。

这对于特斯拉来说,无疑是天上掉馅饼的事情。马斯克对此表示:

> 当我们创建特斯拉的时候,政府还没有电动车的激励政策,也没有任何人讨论这个问题。我们也没有觉得政府会给我们任何激励政策。特斯拉创立的时候,布什是总统,他并没有支持电动车的发展。所以,我们并没有预期到政府会帮助我们。我不知道电动汽车会不会成功,我只是希望这个行业在未来会成功。

为了享受到政策福利,2009年4月,特斯拉公司在华盛顿特区的国家博物馆专门为联邦政府举行了Model S亮相鸡尾酒会。参加聚会的人可以在一个巨大的室内轨道上试驾特斯拉电动车。马斯克试图让前来聚会的政府要员相信,特斯拉电动车并不只是富人的玩具。在酒会上,特斯拉竭力宣传自己的环保性能。马斯克宣称Model S这种突破性电动车会将美国从经济衰退中拉出来。

随后,特斯拉向美国能源部申请政府贷款,但媒体纷纷站出来反对。《纽约时报》公开批评政府,说补贴特斯拉是拿钱讨好富有的股东。英国BBC知名汽车节目Top Gear,做了一期有关Roaster的节目,主持人在节目中指出:"尽管特斯拉声称它能跑到200英里,可它跑到35英里就没电了,要重新充电,而用民用电源将其充满电需要16个小时。"

2009年5月,在排山倒海的批评和质疑声中,总统奥巴马和美国能源部长朱棣文来到特斯拉工厂,参观了厂房。奥巴马总统亲自试驾Model S,笑得合不拢嘴。能源部长朱棣文亲自给Model S电池充电。

一个月后,2009年6月,美国能源部同意给特斯拉提供4.65亿美元低息贷款,用于Model S轿车的研发生产。其中3.65亿美元用于开发Model S汽车,其余的1亿美元用于建造动力系统制造工厂。

特斯拉和老牌汽车福特公司一起接受低息贷款的消息,震惊了业界。特斯拉再次遭受非议，但是拿到资金援助的马斯克，已经不在乎了。他相信新事物必将取代旧事物，对于民众的质疑和攻击，他也表示理解："有些人特别希望特斯拉失败。因为它对主流汽车产业造成了冲击。特斯拉所带来的最大冲击不是它本身，而是证明了我们可以制造大众愿意接受的电动车。"

Model S 新型电动车不负众望，大获成功，特斯拉不仅因此比福特等提前还清了 2017 年才到期的贷款，还于 2010 年 6 月在纳斯达克成功上市，至此特斯拉的"倒闭"危机完全化解。关于上市，下文会详细介绍。

成为下一个通用

在 Model S 的发布会上,马斯克表示:"我们将成为下个通用,2009 年将有成百上千辆我们制造的电动车在路上奔跑。"

此语一出,通用公司 CEO 鲍勃·鲁兹感叹道:"通用公司所有电动车方面的工程师都说,锂离子电池技术离真正应用还有 10 年之远,丰田也同样如此认为。特斯拉的轰然登场,让我不得不问自己,为什么来自加州的几个完全不懂汽车产业的毛头小子却做到了,我们都干什么去了?一个小小的硅谷公司可以做到的事,难道我们通用公司就做不到吗?"

通用公司自此也加入了电动车研发比赛。CEO 鲍勃·鲁兹负责 Volt 项目。这是一款雪佛兰家用电动轿车,意在与 Model S 一决高下。其实严格来说,Volt 属于混合动力车,超过 40 英里电池行驶里程后,4 缸汽车发动机才开始为电池充电。但事实上,80% 的美国人每天行驶里程不会超过 40 英里。

马斯克于是站出来指出:"Volt 并不是真正的电动车。Volt 模式是不光彩的妥协,电池组的体积是 Roadster 的一半,但行驶里程只有 Roadster 的 1/6。当 Volt 的电池耗尽后,用户不得不用一个弱小的发动机拉动一辆大尺寸车,这种体验会很糟糕。"通用被迫开始改进自己的 Volt。

特斯拉的存在,影响了整个汽车行业。虽然它只占一小部分市场份额，但它迫使传统汽车公司不得不做出改变，加入敏捷创新的阵营，这对整个行业来说都是一件好事。继通用之后，福特、雷诺—日产、三菱等很快也推出了自己的电动车型。

面对大公司的加入，马斯克说：

> 我们仍然相当小，即使大汽车厂商不害怕我们，但也应该害怕他们的竞争对手模仿我们。我们的成功将让丰田担心宝马将要做什么，使通用担心本田将要做什么，这将造成一个落后就要挨打的紧张氛围。我们的作用相当于一座灯塔，促使电动车提早5年甚至10年进入市场，这可能会为拯救我们这个星球带来不同寻常的意义。

马斯克欢迎更多人加入电动汽车行业，并非他不在乎竞争，而是他更在乎对人类命运的拯救。特斯拉以"硅谷模式"制造汽车，它的颠覆性让传统汽车公司惴惴不安，后者的反击是出于自保，而马斯克更关注的是自己的"星球人梦"。

长袖善舞的融资达人

作为投资者,马斯克参与了特斯拉的经营活动,甚至在设计上也参与其中,但他对特斯拉最大的贡献是融资。在不到五年的时间内,他为特斯拉成功完成了五轮融资。正是凭借马斯克非凡的融资能力,特斯拉才在九死一生中活了下来。

按照马斯克和马丁·艾伯哈德的最初构想,特斯拉用 2500 万美元的成本在两年内完成电动跑车 Roadster 的研发,之后就等着利润源源不断地进来。实践证明,这两位互联网连续创业者进入实体创业领域,显得很天真。

马斯克 2004 年 2 月领投了特斯拉汽车 A 轮 750 万美元融资,由此进入董事会,成为特斯拉的实际掌控人。其中,635 万美元来自马斯克本人,7.5 万美元来自马丁·艾伯哈德,其余都是马斯克依靠人际关系游说风投公司"忽悠"来的。

2004 年,特斯拉全年净亏损 240 万美元。创立一年零十个月后,也就是在 2005 年 2 月 1 日,马斯克开始了第二轮融资,凭借个人社交关系,成功筹集到了 1300 万美元。投资方包括马斯克、私募基金 Compass Technology Partners 和 Valor Equity Partners。Valor Equity Partners 还投资了 SpaceX 公司。

2005 年,特斯拉全年净亏损 1160 万美元。创立三年零一个月后,也就是 2006 年 5 月,马斯克为特斯拉完成第三轮融资。融资金额为

4000万美元，马斯克和私募基金VantagePoint Venture Partners领投，其他著名的投资人包括谷歌的两位联合创始人拉里·佩奇（Larry Page）和谢尔盖·布林（Sergey Brin），以及凯悦酒店集团继承人尼克·普利茨克（Nick Pritzker）（通过他的合伙投资公司）以及eBay原总裁杰夫·斯科尔（Jeff Skoll）（通过他的投资公司），都看在马斯克的面子上参与投资。摩根大通旗下的Bay Area Equity Fund基金公司也有投资。

2006年7月19日，特斯拉推出了首辆Roadster，两周内预售127辆，但这一年公司还处于巨亏状态，2006年，特斯拉全年净亏损3000万美元。2007年5月，马斯克为特斯拉完成第四轮融资，融资金额为4500万美元。马斯克和Compass Technology Partners领投，Capricorn Investment Group追加投资，前几轮融资的主要投资者全部追投。这时候的特斯拉内部已经一片混乱，外界质疑声不断，这些风投机构还都参投，足见他们对马斯克的信任。

2007年，特斯拉发生人事震动，接连换了三个CEO，情况依然没有好转，全年净亏损再创新高，达到7800万美元。然后又赶上2008年爆发金融危机，在融资几乎不可能的情况下，2008年2月，马斯克还是争取到了Valor Equity Partners的追投，加上他本人自掏腰包，特斯拉第五轮融资达4000万美元。公司在经济寒冬之际避免破产，Roadster得以常规生产。

2008年10月，马斯克自己开始担任特斯拉CEO，争取到与戴姆勒公司的合作机会，公司出现转机。截止到2009年1月，特斯拉共募集了1.87亿美元，其中，他本人投了7000万美元。

小结：持续专注工作 + 疯子般坚持

如果说创立SpaceX，是为人类未来寻求希望，马斯克表现得像个大梦想家，那么，创立特斯拉，马斯克表现得就像是个实干家了。

计划两年上市，实际上却无限延期；第一辆车好不容易研发出来，却因测试通不过被迫改装；改装后成本飙升，预售价为10万美元的车，成本飙升到12万美元，没有开卖便赔钱，尝试卖11万美元还惨被人"围殴"；期间还被合伙人和妻子告上法庭；情况稍有好转，偏偏赶上了金融危机……如果其他创业者遇到这些事情，早就叫苦连天了，而马斯克却表现得格外坚定，真正展示出了一位伟大企业家的韧劲。

1. 持续专注工作

格雷西亚斯说："马斯克比我认识的任何人都更刻苦，并且能够承受更多压力，他在2008年所经受的一切可能早就让其他人崩溃了，而他不仅生存了下来，并且持续专注于他的工作。"

在2008年的金融危机中，马斯克曾处在即将一无所有的破产边缘，他的第二任妻子妲露拉·莱莉（Talulah Riley）见证了一切，莱莉回忆道："那时他满脸愁容，看起来就像是在死亡的边缘徘徊，经常半夜突发噩梦并尖叫着惊醒，甚至会在睡着的情况下，爬到我的身上开始尖叫。"

"要知道，经历过那种压力的人大多数都退缩了"，格雷西亚斯说，"他们会出现决策失误。但是马斯克却变得更加理性，依旧能够做出清晰并且有远见的决定。压力越大,他做得就越好,任何见识了他所经历的一切的人都对他怀有敬意,我从未见过比他更坚毅的人。"

而对此,马斯克曾说道:"所谓创业生活,就是——嚼着玻璃渣凝视着深渊,然后浸透在莎士比亚式的悲剧之中。"

可见,失败似乎完全没有影响马斯克对未来的展望,也没有令他质疑自己的能力,这仿佛表明了玻璃心就是需要被摔得稀碎,然后用钛合金重建。

事实上,正是在危机中依旧专注工作的能力,让马斯克在众多管理人员和竞争者中脱颖而出。

2. 疯子般坚持

作为特斯拉的联合创始人,斯特罗贝尔见证了特斯拉成长的全过程,他这样形容特斯拉的创业过程:"我们上市后看起来很成功,但实际上在过去10年有很多次快死了。如果没有埃隆,可能我们已经死了。"投资人、合作者和特斯拉的员工对马斯克的一致评价是:"他个性很强,认准的事情他一定干。"

特斯拉能够死里逃生,马斯克疯子般的坚持精神起了决定作用。从创业开始,他就坚持给世人看"我们可以做到"。

特斯拉最早的商业计划这样写道:"特斯拉汽车公司将会打造高性能的电动运动型轿车。这听上去不切实际——不管是制造汽车本身,还是打造高性能的电动汽车。"没有相信,没有人看好,那么马斯克就用行动证明给大家看。

> 以往很多人都认为,电动车速度太慢、跑不远、外型又丑,跟高尔夫球车没两样。为了改变人们的印象,我们开发出了特斯拉Roadster,一款速度快、跑得远、造型拉风的电动跑车。Roadster面世后,又有人说,就算做得出昂贵的限量跑车,你们有本事做真正的量产汽车吗?没问题,我们就推出四门房车

Model S，证明给大家看。

坚持做别人做不到的事情，坚持制造出史无前例的超酷电动跑车，这样的信念支撑着马斯克一路过关斩将。

第六章

在危机四伏中壮大

——特斯拉上市并盈利

自2003年创建以来持续亏损的特斯拉于2013年首次实现季度赢利。赢利归功于Model S，其销量超过了竞争对手梅赛德斯·奔驰的S系列和宝马汽车的7系列，使业界相关人士大为震惊。盈利后，马斯克做的第一件事就是迅速偿还国家贷款，履行社会义务。"如果只考虑特斯拉，我就不会急着还清贷款了。"这句话为他赢得了社会尊重。

年年赤字却不影响上市

2010年6月29日,特斯拉在纳斯达克上市,IPO发行价17.00美元,净募集资金1.84亿美元,融资额达2.26亿美元。开盘当日,马斯克在账面上赚了6.3亿美元,特斯拉成为仅有的一家在美国上市的纯电动汽车独立制造商。

上市对于多数创业者而言,是一件了不起的成就,因为上市意味着自己的努力与投入终于有了金钱的回报,但对于信奉"理想比金钱更重要"的马斯克来说,上市是逼不得已的下下策而已。

鉴于PayPal的失败经验,马斯克对于上市其实是持排斥态度的。因为上市的代价是创业者对于公司的掌控权被弱化甚至失去公司的管理权。对于很多以变现为目的的创业者而言,失去管理权的风险,相比成功拿到钱,简直不值一提。但马斯克最在乎的就是对特斯拉的控制权。

曾经,他作为PayPal的大股东,却未能改变PayPal被收购的命运,虽然拿到了1.8亿美元,但在他看来,却是失败的,PayPal是他心中永远的遗憾。所以他害怕悲剧重演,特斯拉一旦上市,随着资本的介入,他说一不二的绝对控制权很可能会受到威胁。此外,马斯克还担心一件事:上市意味着特斯拉必须公开内部财务数据。多年糟糕透顶的财务状况,一旦暴露给媒体,马斯克不知道他们会怎样攻击自己。一方面,特斯拉好不容易从破产危机中挺过来,马斯克真的害怕再次掉入无边的黑暗之中;另一方面,特斯拉只有Roadster一款产品,马斯克没有信心短时间内做出一张漂亮的财务报表。

然而，现实由不得马斯克选择。他倾其所有好不容易从美国政府那里申请的4.65亿美元低息贷款，简直就是杯水车薪。造车实在是太烧钱了。正如马斯克"后辈"——蔚来汽车创始人李斌所言："造车是一件很烧钱的事，没有200亿元的资金准备，最好别进来。"吉利汽车董事长李书福更是直言："没有几百亿、几千亿元的投入，要想在汽车领域有所作为几乎是不可能的。"上市输血对于汽车制造业来说，是迟早的事情。

在上市之前，马斯克作了各种挣扎。比如，他首先想到的是给Roadster涨价。2009年，他向全体消费者发了一封邮件，声明该车要涨价，从原先的9.2万美元上涨至10.9万美元。他以为特斯拉的爱好者会很理解，但事实上在已经预付定金但尚未拿到Roadster的用户看来，马斯克不是疯了，就是诚心玩弄大家，于是他被过激者打进了医院。

正所谓，"屋漏偏逢连夜雨，船迟又遇打头风"。涨价未成，紧接着特斯拉还陷入了安全危机。Lotus公司在组装Roadster的底盘时未能将螺丝拧紧，导致特斯拉不得不把Roadster全部召回。庆幸的是，当时Roadster产能很低，不到1000辆，在可控范围之内。

马斯克在这一事件的处理上再次表现出了过人之处。他成功把危机转变成为和消费者的互动机会。召回车辆的时候，他派人上门提车，耐心听取用户的抱怨，然后送回工厂检修，把顾客的抱怨变成了下次改进的建议，把危机处理变成售后服务。

但召回事件还是带来了不良影响。媒体借此机会对"特斯拉汽车质量就是不行"进行最大程度的渲染。与此同时，对马斯克心存积怨的马丁·艾伯哈德趁机对他提出了控告。马丁·艾伯哈德痛诉马斯克处心积虑地把他赶出公司，并声称他才是特斯拉的真正创始人。尽管两人很快达成和解，约定不再诋毁对方，但是舆论对马斯克的负面影响还是产生了。作为新能源汽车的引领者，马斯克没有被描绘成有创造力的企业家，反而被说成是吹牛大王。

当时，整个汽车行业处境艰难，传统汽车公司被金融危机影响到普遍破产，就连通用汽车也是在美国政府帮助下才艰难重返市场。而电动汽车业，很多和特斯拉竞争的初创公司都失败了。许多人也因此断定，特斯拉将在几年内彻底破产。

在各种不利的情况下，马斯克再也无法力挽狂澜。特斯拉要想继续生存下去，上市成为唯一途径。一向善于融资的马斯克不得不承认："我们必须从公开市场募集更多的资金，把造车这件事继续下去。"

让他略感欣慰的是，尽管媒体在唱衰他，但是资本市场对于特斯拉的未来还是很看好的。特斯拉上市的卓越表现，等于是对他的最大肯定。热情的投资者们似乎对特斯拉的财务状况并不在意，要知道，上市前特斯拉亏损高达5.57亿美元，而且7年时间一直处于亏损状态。投资者们的支持，让马斯克坚定了信心，一定要让特斯拉实现盈利。他甚至在上市的时候撂下豪言壮语：

> 特斯拉终将把世界带入没有汽油的未来。总有一天，所有的车都会用上电能！

Model S 为特斯拉扳回一局

2013 年，Model S 击败保时捷 911、凯迪拉克 ATS、雷克萨斯 GS 等强劲对手，被美国最权威的汽车期刊《Motor Trend》评选为年度车型。该杂志对 Model S 可谓不吝赞美："Model S 让我们看到美国仍然具有伟大创造力。它拥有赛车的驾驭感，驾驶体验堪比劳斯莱斯，握持体验比肩雪佛兰 Equinox，节能性媲美丰田普锐斯。"《消费者调查》杂志给 Model S 打出历史最高评分——99 分（满分 100 分），称其为"历史上最棒的车"。最先破译人类 DNA（脱氧核糖核酸）的科学家克雷格·文特尔（Craig Venter）在驾驶 Model S 之后也如是盛赞："如果说苹果发布 iPhone 手机改变了整个手机行业，那么 Model S 则改变了整个交通行业。它是一台在轮子上运行的计算机。"

如果说 Roadster 向世人证明了电动车的可行性，那么 Model S 则真正展示了电动车超出传统汽车的优越性。

特斯拉 2008 年推出的双排运动型电动车 Roadster，2009 年 3 月研发出 4 门豪华轿车 Model S。2009 年底，美国政府同意从备选机动车基金中拿出 4.65 亿美元贷给特斯拉，这让特斯拉得以向第二阶段推进，即 Model S 的批量生产。

因为 Roadster 的零部件加工大部分外包，所以成本一直降不下来，虽然深受欢迎，但无法做到量产。于是，2012 年 1 月，马斯克决定暂停 Roadster 的生产，集中生产能为特斯拉带来利润的 Model S。

Model S 轿车果然没有让马斯克失望。2012 年，特斯拉开始发售

Model S 轿车，该车一上市就深受欢迎。大众喜欢该款车型的原因主要集中在以下六点：

第一，速度惊人。

这辆全电力驱动的豪华座驾，每次充满电可跑 300 多英里，0-60 英里每小时的加速仅需 4.2 秒。

第二，经济实用。

后排加装后朝向的儿童座椅，Model S 可以容纳 7 个人。车内有两个行李箱，一个是位于尾部的标准行李箱，还有一个位于传统汽车发动机的位置，被特斯拉称为前置行李箱。对于普通家庭来说，Model S 不像一般的豪华轿车那样中看不中用。

第三，体验甚好。

Model S 有一个电池组置于车底盘上，在两个后轮之间还有一个西瓜大小的机电发动机，免去了发动机和其他机械的轰鸣声，让 Model S 跑起来的时候也很安静。在原始速度、里程数、操控感与内置空间等方面，Model S 优于其他大部分豪华轿车，表现出众。就连门把手的设计也很让人省心，当人靠近车身时，银色的把手会自动弹出，车门打开。当人进入车内后，把手则会自动收缩，与车身融为一体。车内配有 17 英寸触摸屏，用于操控车内大多数功能，只需在触控板上轻轻一划，音量调节、天窗闭合等功能都可实现。此外，Model S 可实现随时随地接入互联网，驾驶者可以通过触屏听音乐或使用谷歌地图进行导航，当时传统汽车还没有做到这一点。

第四，高效节能。

Model S 不用排队加油，可在全美国高速公路沿线的特斯拉充电站享受免费充电。有人计算过，Model S 电能利用率可达 60%，剩余能量大部分以热损耗的形式散掉了，其性能相当于每加仑汽油可行驶 100 英里的传统汽车。很多人购买 Model S 是为了炫耀，他们在为环保尽力。

第五，购买省心。

购买传统汽车，你需要和销售员斗智斗勇地讨价还价，然后还得办理一系列的手续。而购买 Model S，像是一种享受。用户可以直接通过特斯拉的官方网站与专卖店购买 Model S，然后让特斯拉派送到你指定的地点。特斯拉把买车体验做到像网上购物一样舒适。用户到特斯拉线下专卖店，如果对配置不满意，还可以为自己心中理想的汽车配置不同的外观与配件。

第六，售后敏捷。

在提车后的数月时间里，用户不用更换机油或调整任何部件，如果车子出现了问题，特斯拉会上门提车送修，并在维修期间临时借给用户一辆车。对于很多小毛病，用户根本不用送修，因为只要反馈给特斯拉，工程师就像变魔术一样，在夜间通过远程操作升级更新了软件，这样用户早上醒来会发现问题已不复存在，这种感觉很棒。

正是因为有这些显著的优势，Model S 为特斯拉吸引了第一批真正的"拉粉"。硅谷的技术爱好者都很支持 Model S。Model S 开售的前几个月，每天都可以在旧金山或周边城市的街上看到 Model S 的身影。硅谷的技术人员把 Model S 视作身份的象征。在他们的带领下，Model S 的销量与股价一路冲高。

对于马斯克来说，他希望自己的电动车能像当初福特的 T 型车一样，以亲民的价格走进千家万户，Model S 的开局表现让他觉得自己离目标越来越近了。马斯克甚至表示，特斯拉计划继续降低汽车售价。他希望能在 3 到 4 年内推出售价仅为 3 万美元左右的电动汽车，并将公司的利润率保持在 25% 左右。

差点被卖空者推到破产边缘

然而，Model S 的高光时刻并没有持续多久，特斯拉很快坠入危机漩涡。因为 Model S 市场反应太好，而特斯拉的产能跟不上，于是卖空者借此对特斯拉发起猛攻。

卖空是指股票投资者在某股票价格看跌时，从他人手中借入该股票抛出，该股票价格真正下落时，再以更低的价格买进归还原主，从而赚取中间差价。

特斯拉作为"新物种"上市后，一直被卖空者紧盯着。在卖空者眼里，特斯拉股价被严重高估，公司销量是丰田的几十分之一，市值却高过丰田，"太不合理"，所以他们一直等着看特斯拉的好戏。新事物的发展总是伴随着曲折，特斯拉在发展过程中一直负面新闻不断，这也给了卖空者机会。一旦特斯拉出现风吹草动，这些卖空者就蜂拥而上，大有不把特斯拉股票拉下马誓不罢休的劲头。

其实，在 Model S 刚发布不久，卖空者就开始行动了，他们利用舆论高调质疑特斯拉能否大幅度提高产能并同时创造盈利。卖空者以特斯拉的没落为赌注，让马斯克很生气。马斯克也高调回应："特斯拉的目标是成为比宝马更畅销、拥有更大盈利空间的汽车制造商。"

务实的马斯克并没有和卖空者展开过多的"空对空"辩论，而是拿行动回击。在卖空者以为自己就要得胜的时候，2012 年 9 月，马斯克突然宣布：特斯拉已经在加州、内华达州和亚利桑那州秘密建造了

6个充电站,并承诺建造上千个类似的站点。如此一来,用户们可以完成穿越全美国的旅行而不用花费一分油费。

于是,原本被卖空者"蛊惑"取消订单的用户,又纷纷购买Model S。特斯拉成功躲过了卖空者的第一次围剿。

然而,随着Model S的畅销,特斯拉的生产能力再次遭到质疑。为了赶工,该车问题不断。比如,雨刷器出故障,倒车感应系统和雷达自动巡航系统还不如宝马和奔驰,座椅和遮阳板质感太差……这些问题也不完全是赶进度导致的,而是不得已而为之,因为供应商也受到卖空者"蛊惑"。优质供应商不愿意和特斯拉合作,心高气傲的马斯克最终也只能选择和三流厂商合作,问题出现后也只能想其他方式去弥补。另外,超级充电站造价十分昂贵,特斯拉上市融来的那点钱根本不够用。这些又给了卖空者卷土重来的机会。在卖空者的猛烈进攻下,特斯拉瞬间成为纳斯达克交易所上市排名前100家企业里被卖空最严重的一家。特斯拉又一次被逼到破产的边缘。

危急时刻,马斯克高薪挖来了苹果高管乔治·布兰肯希普(George Blankenship),负责运营特斯拉实体店和服务中心。马斯克指望乔治·布兰肯希普为特斯拉打开销售新局面,但后者只是增加了特斯拉门店数量,提升了门店的科技感。为了尽可能增加销售收入,特斯拉门店一度还售卖卫衣、帽子等周边商品,甚至售卖儿童绘本和蜡笔。

乔治·布兰肯希普计划像经营苹果手机一样经营特斯拉,他的运营理念,是要把Model S打造成一个人们趋之若鹜的身份象征,就像iPod和iPhone一样,拥有一辆特斯拉的价值将远远高于拥有一辆座驾本身。这和马斯克对Model S的大众汽车定位显然有冲突。2012年末,马斯克基本上对这位"空降兵"不再抱有希望。

原本人气高涨的Model S,在卖空者别有用心的舆论攻击下,销量越来越低。许多潜在的客户持观望态度,而已经购买的用户因为故障问题也越来越不满。等到2013年2月,特斯拉面临的境况完全可以用"危机四伏"来形容。

面对停滞不前的销售状况，马斯克亲自上阵，他使出自己的铁腕，要求全员营销，所有员工无论在什么岗位从事什么职务，都必须立刻马上拿起电话去推销 Model S。他以破釜沉舟的语气对大家喊道：

> 要么你们滚蛋，要么特斯拉完蛋。我不在乎你们之前的职务是什么，现在你们的新角色是 Model S 销售员。

对于态度消极的人，马斯克二话不说就请其走人。对于表现突出的人，他及时提拔。与此同时，他挖来戴姆勒前高管杰伦姆·桂伦（Jerome Guillen）来搞定售后这一块。

在整顿了内部之后，马斯克又对外大打舆论反击战。他以个人名誉和亿万美元担保，Model S 的二手车价都比同类型的奢侈轿车要高，声称 Model S 是被别有用心的人"带坏了"。

而私底下，马斯克却卑微地向好友拉里·佩奇发出了求救信号。马斯克向拉里·佩奇坦言，特斯拉很可能撑不过一个月，希望谷歌能够接手。为了让公司继续生存下去，马斯克不得不做出了这样的决定，但是他也强调自己对特斯拉拥有至少 8 年的绝对控制权，确保特斯拉成为一家有能力大规模生产电动汽车的伟大公司。拉里·佩奇很感兴趣，但是谷歌的律师们却很反对。最终，谈判不了了之。

正当马斯克绝望之时，被他逼着集体做销售的 500 名特斯拉员工，给他带来了一个大惊喜，他们竟然用两周的时间完成了销售任务，特斯拉神奇地扭亏为盈。2013 年 5 月 8 日，马斯克高调公布，特斯拉第一财季实现 5.62 亿美元的交易额和 1100 万美元的盈利，这是特斯拉上市以来的首次盈利，也是马斯克创业十年来的首次盈利。

这个奇迹让特斯拉的股价在两个月内从 30 美元飙升至 130 美元。几周后，特斯拉连本带利地还清了 4.65 亿美元的政府贷款，从此步入正轨。恶意卖空者的阴谋再次失败了。

特斯拉实现盈利，对于传统汽车制造商打击很大。一开始，他们认为 Model S 和 Roadster 一样不过是个小儿科,根本翻不起来浪花。当 Model S 被人追捧的时候,他们开始如坐针毡。消极的制造商咒骂"特斯拉是搅屎棍",而积极的制造商则立即成立专门小组,系统研究 Model S、特斯拉公司与马斯克的创新方式。

特斯拉实现盈利,彻底扭转了马斯克的个人形象。那些说他吹牛的人开始正经称呼他是美国伟大的企业家了。马斯克用实力向世人证明了自己的眼光和创业的韧性。马斯克在接受媒体采访时说道:

> 我低估了完成某些任务所需要的时间,导致我很痛苦,但最终我做到了我承诺的所有事情。

盈利让马斯克尝到了前所未有的成就感,遗憾的是,却没有枕边人可以分享。此时,他的第二任妻子已经离他而去。不过,马斯克决定赏给自己一个假期。他独自带着儿子们一起到夏威夷开启了创业以来第一个真正意义上的假期。

在行业低迷时期大力建厂

为了能够将电动车推向大众市场,推动电动汽车成为主流交通工具,马斯克希望能够尽可能压低电动汽车的售价,而电动汽车的掣肘是电池。之前,特斯拉都是从日本松下公司购买锂电池。2013年,马斯克决定自己建造全球最大的产能达千兆瓦级的锂电池工厂,他将其称为"千兆工厂"(Gigafactory)。

2014年2月27日,特斯拉对外宣布,将通过发行可转换债券的方式融资,用于"加快美国和国际业务的发展",并将致力于"千兆工厂"的建设,用于生产电池和第二代汽车。

不得不说,马斯克太会选时机了,此时投资者可选择的新发行可转换债券相对较少,而且这些债券的票面利率只有0.25%和1.25%。通过发行可转换债券的方式,特斯拉筹集到16亿美元。但建设"千兆工厂"需要50亿美元资金,为此,马斯克以自己所持有的特斯拉股票作为抵押,向高盛、大摩等投资机构借钱。

2014年7月,特斯拉终于凑够了资金,正式开始在美国高调选址。因为"千兆工厂"会创造6500个工作岗位,每年生产的锂电池能制造50万辆电动汽车,是美国史上单笔投资最大的建厂项目之一,所以吸引了各方的合作兴趣。得克萨斯州、内华达州、亚利桑那州、新墨西哥州等抢着让特斯拉来建厂。最终,马斯克选择了内华达州。

对此,加州政府感到很生气,毕竟特斯拉是在这里发展起来的,一直以来加州政府给予了不少扶持政策。马斯克赶紧站出来解释，不选加州，主要是时间成本问题。特斯拉团队已经事先咨询过，在加州审批流程要走上一年或者更长时间，特斯拉等不起。

按照马斯克的计划，超级锂电池工厂将在 2015 年开工，2017 年投产并在 2020 年实现 35 亿瓦小时的电池年产量，高于 2013 年全球锂电池产量总和。在"千兆电池"工厂的加持下，特斯拉在 2020 年的电动汽车年生产量预计将达到 50 万台。"千兆工厂"的落地，不仅将对当地的产业发展和经济增长作出巨大的贡献，也将成为拉动新兴科技产业的一个"发动机"。

业内人士很看好马斯克的这一举动，在他们看来，锂电池业务将成为特斯拉的竞争优势。有人一言识破了马斯克的野心，他之所以下重金打造"千兆工厂"，不仅仅是降低电动车成本，为特斯拉发展提速，更重要的是看中锂电池在电网存储、军事机构、无人航天飞行器等多种领域的应用，也就说，"千兆工厂"将为马斯克孵化数不尽的"金蛋"。

最终，"千兆工厂"在美国内华达州斯帕克斯市外落成，占地 2864 亩。仅仅工厂的散热屋顶，特斯拉就花费了 450 万美元；建筑物夹层所需的钢铁和混凝土花费了 1300 万美元；具备抵抗地震功能的地基花费了 1600 万美元；内部建设花费了 1000 万美元；改造周边环境，也花费了 100 万美元。由此可见，马斯克在"千兆工厂"上所花费的心思和金钱有多大。

建设"千兆工厂"，对于处境艰难的特斯拉来说，无异于一场豪赌，这笔高成本的投入，需要特斯拉接下去几年的快速增长来偿还。当时，很多人都为特斯拉捏了一把汗。直到 Model 3 的订单飞扬，大家才长长松了一口气。

"千兆工厂"实现了马斯克的夙愿，特斯拉电池组成本下降了 30%。因为效果不错，特斯拉决定扩建工厂。原本 2864 亩占地，只有 110 英亩用作工业园区建设，其余全用来摆放太阳能电池阵。工厂建成之后，特斯拉还从内华达州政府获得了价值 13 亿美元的奖励政策，相应地，马斯克兑现了自己的承诺，在当地陆续聘用了6500名员工。

2016年，马斯克透露，特斯拉计划未来在欧洲开建同样的"千兆工厂"，法国环保部长和芬兰经济事务部长立即伸出橄榄枝。"千兆工厂"的特别之处在于它完全是靠可再生能源提供生产动力的，这对于任何国家来说都是很有吸引力的。

完败两大竞争对手

商业竞争就是这么残酷，有时候完全就是一个你死我活的幸存者的游戏。

就在特斯拉宣布首次盈利的同一个月，它的电动车同行 Better Place 公司正式宣告停产。Better Place 公司是一家以色列公司，背后的控股者是以色列控股集团公司、汇丰银行和摩根士丹利等，公司在 2010 年初完成第二轮 8.5 亿美元融资，公司估值高达 12.5 亿美元。

区别于特斯拉的充电模式，Better Place 公司以换电池为卖点。Better Place 曾经这样描述自己的换电服务：当电力储备剩下不到一半的时候，系统会自动提示需要充电，并用车载的移动导航系统将用户带到最近的 Better Place 电池屋，然后用 2 分钟的时间完成电池更换。

Better Place 创始人 Shai Agassi 甚至野心勃勃地宣称：无论你购买的是哪家汽车厂商生产的电动汽车，Better Place 公司都能够为你提供电池维护、更换和充电服务。

Shai Agassi 的愿望是美好的，但现实是残酷的。Better Place 的"电池屋"造价高达 50 万美元，是特斯拉充电站的两倍。而另一方面，Better Place 的客户太少，成立一年后，Better Place 在以色列推出了第一个"电池屋"，但只有 750 个用户，根本覆盖不了维护成本。在以色列失败后，Better Place 又在丹麦进行试验，结果销量更低。后来转战市场巨大的中国，在广州合作建立了体验中心。由于高投入无回报，尽管曾经手握12.5亿美元，Better Place最终还是宣告失败。

特斯拉的另一位竞争对手菲斯克汽车也紧跟着宣告破产。菲斯克进入汽车领域的时间要比特斯拉早上几年，在做电动车之前，菲斯克还打造过两款和宝马、奔驰相媲美的超级跑车，在汽车制造上比特斯拉更有经验。而且，菲斯克的创始人亨里克·菲斯克，还参与过特斯拉Model S的前期设计。

2008年1月，菲斯克正式推出了首款自主设计的电动车菲斯克Karma，从此亨里克·菲斯克和马斯克反目成仇。菲斯克Karma的造型比Model S更酷，还没有续航里程的焦虑，产品性能比Model S更具有竞争力。这大大惹火了马斯克。菲斯克Karma亮相三个月后，特斯拉将菲斯克告上了法庭，声称菲斯克窃取了其技术。让马斯克更郁闷的是，菲斯克最终胜诉了。2009年，菲斯克也争取到了美国政府5.3亿美元的贷款扶持，高于特斯拉的4.65亿美元贷款，这让马斯克心里更不是滋味。

从起步来讲，菲斯克比特斯拉更有潜力，然而，正因为赢得的掌声过多，融资过于顺利，菲斯克在经营上显得很激进，在还没有盈利的时候就大肆扩大生产，步子迈得太大，导致问题不断。2011年，菲斯克的电池供应商A123 Systems被曝出其生产的电池存在着质量缺陷，这迫使菲斯克召回了239辆Karma；2012年，Karma又出现了自燃事故。尽管问题出在供应商A123 Systems身上，A123 Systems也在2012年11月宣告破产，但菲斯克也因此失去了好口碑。本来很被看好的菲斯克，很快被投资商抛弃，就连美国政府也冻结了之前许诺的5.3亿美元贷款。因为经营不善，高开低走的菲斯克被迫走上竞购之路。2014年，该公司被中国一家公司收购，公司名字直接被改为Karma公司，和汽车品牌保持一致。菲斯克在电动车世界彻底消失。

不过，2020年，亨里克·菲斯克和自己的妻子吉塔·古普塔·菲斯克高调宣布菲斯克汽车"卷土重来"，并首次公开募股，筹集到了超过10亿美元。亨里克·菲斯克潜心研发的菲斯克Ocean电动SUV，预计2022年上市，售价预计仅为3.8万美元，这将对特斯拉再次构成威胁。

此为后话。

继 Better Place 公司和菲斯克汽车这两位主要竞争对手之后，又涌现了一批新兴电动车公司。它们虽然对特斯拉构不成太大的竞争威胁，但足够让马斯克恼火，因为这其中不少是马斯克自己亲手培养起来的"敌人"。

比如，Lucid 电动车公司的创始人彼得·罗林森就曾经是 Model S 的首席工程师；Aurora 公司创始人斯特林·安德森曾经是 Model X 的开发者并负责领导 Autopilot 团队；Sila Nano 公司的创始人吉恩贝迪切夫斯基是特斯拉第七号员工，2004 年加入后负责公司初代产品 Roadster 的电池开发；Redwood Materials 创始人斯特罗贝尔是特斯拉联合创始人，他后来拿到 4000 万美元融资，与松下和亚马逊合作研发可回收利用电池。

面对"特斯拉系"员工纷纷出走自立门户，马斯克虽然无奈，但也看得比较开，他把他们的创业视作特斯拉散播出去的火种，通过这些星星之火的引燃，把电动汽车市场彻底做大起来。

来自传统汽车的刁难

辩证主义哲学告诉我们，新事物的产生总是会遭遇旧事物的抵抗和扼杀。在新事物还处于弱小阶段的时候，强大的旧事物会顽强抵抗和极力扼杀新事物。

特斯拉的竞争对手远不止 Better Place 公司和菲斯克汽车这些电动车同行，其最大的"敌人"其实是那些传统汽车公司。当特斯拉还处于亏损阶段的时候，那些传统汽车业的大佬们视特斯拉为不足以成气候的"毛小孩"；当特斯拉实现盈利之后，他们开始坐不住了。

作为行业颠覆者，特斯拉在创新过程中，无意间动了人多人的奶酪。比如，特斯拉对待维修的态度与传统汽车行业有根本性的不同，这一点便让传统汽车产业损失了一大笔收入。特斯拉的利润来自一次性的销售收入以及可供选择的收费软件服务，而绝大多数的汽车经销商把汽车售卖视为定期盈利行为而非一次性销售行为，在汽车销售出去之后，这些传统汽车厂商每年还要从车主身上赚取丰厚的维修费、零件费、保险费等。特斯拉的做法，无疑让传统汽车行业的厂商和经销商感到窝火。

但对于用户来说，特斯拉的做法实在太棒了。比如，硅谷一位叫康斯坦丁·奥斯默的著名企业家在接连购买了十辆 Model S 之后公开表示："Model S 是一辆很棒的座驾，但是几乎所有论坛上提到的问题它都有。特斯拉的工作人员帮忙解决了所有问题，并且很贴心地叫来拖车运输，以便不增加行驶里程。在我一年后回去检修的时候，工程师们还帮我完成了所有调试更新，汽车焕然一新，比新买的时候性能更优越，在服务中心，车子被天鹅绒绳点缀着，看起来美极了。"

也就是说，特斯拉的维修理念是基于用户需求所创新的，和我们熟悉的互联网手机一样，都是以用户为中心，从用户的需求出发，在满足用户需求的基础上，获得发展机会。特斯拉作为汽车行业的后来者，它只能找到新的出头机会，仅此而已。事实上，传统汽车制造商在抵制了一段时间之后，都纷纷效仿特斯拉，开始为用户提供远程更新服务，虽然技术上不及特斯拉，但也基本上让用户体会到了不一样的便捷体验。

历史告诉我们，新事物往往代表着时代发展的趋势，新事物的发展不可抵挡。传统汽车公司虽然不能抵挡特斯拉的飞速发展，但他们还是有机会刁难特斯拉。

比如，汽车泰斗福特就曾经很不给特斯拉面子，尽管马斯克本人很崇拜福特。马斯克给 Model S 取名字的时候，就表现出了对福特的敬意。务实的马斯克，很讨厌策划公司那一套花里胡哨的起名方法，他喜欢简单直白的名字，比如 Roadster 在英文中的本意就是"敞篷双座小汽车"，马斯克觉得它发音也不错，就直接拿来做名字了；而四门轿车 Sedan，马斯克觉得它的发音和特斯拉连在一起不好听，就选择 Saloon 这个词语，因为英国人把轿车叫作 Saloon。

特斯拉内部讨论的时候，大家觉得叫 Saloon 也很别扭，于是就学习福特的 Model T，定为了 Model S。马斯克希望 Model S，能够像当年的 Model T 一样，起到划时代的作用。事实证明，Model S 没有辜负马斯克的期望。

但是，福特并没有领情，相反很生气。当看到特斯拉蹭自己的名字风生水起之后，福特悄悄注册了 Model E。因为马斯克曾经高调宣布要把第三代电动车命名为 Model E，第四代命名为 Model X，这样就可以组成一个"Model SEX"。福特汽车的执行总裁阿兰·穆拉里决定杀一杀马斯克的威风。

正在兴头上的马斯克果然很郁闷。他还特意给阿兰·穆拉里打电话，希望对方能够把 Model E 商标借给特斯拉。对方当然没有让他如愿。

马斯克有点生气地质问："你们是真心实意要生产 Model E 系列，还是单纯想和特斯拉对着干？"

阿兰·穆拉里什么也没有多说，只是强调，反正我们有用。

马斯克只好放低了态度，企图说服对方："就算福特在 100 多年前曾生产过 Model T 车型，但现在没有人会将 Model 系列与福特品牌联想到一起，只会觉得你们在跟风效仿特斯拉。"

阿兰·穆拉里不为所动。

这时候，特斯拉已经生产出了 Model S 和 Model X，马斯克急中生智，就注册了 Model 3。数字 3 在设计的时候可以做到和字母 E 很像。而且 Model 3 在中国生产，换成中文"三"，就和字母 E 更像了。

"偷梁换柱"之后，马斯克还不解气，他抱着恶作剧的心态注册了 Model Y。这下换福特头大了，因为他们完全搞不清楚特斯拉在玩什么新花样。等到听了马斯克的解释之后，福特的人彻底无语了。马斯克的解释是："我要凑出来 Model SEXY！"福特彻底放弃为难特斯拉了。

当然，这只是一个闹剧。传统汽车制造商在表面上对特斯拉的抵制是扎扎实实的，但在内心深处，他们是欣赏特斯拉的。传统汽车在美国已经走过百年历程，早就到了没落的阶段，2008 年一场金融危机让很多制造商宣告破产，那些幸存者也靠着国际新市场撑着，汽车行业迫切需要新的技术、新的力量来突破瓶颈。特斯拉代表着新的希望，所以他们在抵抗的同时，都在内部发展新能源汽车这条新的产品线。

硅谷俱乐部的灵魂

2014年8月,新泽西州州长克里斯·克里斯蒂将一桶冰水从头往下浇在自己身上。浇完冰水后,点名好友Facebook公司CEO马克·扎克伯格接招。马克·扎克伯格接受了挑战邀请,站在一个花园里,干脆利落地往自己头上浇了一整桶冰水。浇完之后,马克·扎克伯格点名微软公司创始人比尔·盖茨参加挑战。比尔·盖茨亲自从画草图到戴着面具焊接,制作了一个自动掀翻冰桶设备,酷酷地应战。随后,比尔·盖茨点名马斯克接招,24小时内,马斯克在5个儿子的帮助下,在自家房子后完成了"冰桶挑战"。

很快,这个吸引眼球的冰桶游戏开始席卷硅谷,进而蔓延全球。

随着特斯拉的崛起,马斯克的"江湖地位"也越来越稳固。本来就擅长和富人打交道的他,越来越适应"上流社会"了。2012年,马斯克正式加入了著名的硅谷10亿美元俱乐部,成为与谷歌两位联合创始人及比尔·盖茨、马克·扎克伯格、杰夫·贝索斯、杨致远、彼得·泰尔等平起平坐的人。

大家都知道,一旦跻身硅谷俱乐部,意味着什么。失败者是进不了硅谷俱乐部的,加入硅谷俱乐部本身就是一个极大认可,加入之后,来自全球的优质资源将向你开放,接下来干什么都会异常顺利,没人再会为难你,相反更多的大佬会主动帮助你。

尽管硅谷俱乐部是一个成功者互助组织,但他们对外宣布的文化信仰是奉献主义。他们号称比较自己拥有多少私人岛屿是十分丢脸的事情，向社会捐赠了多少才是他们引以为傲的事情。

早在1994年，比尔·盖茨和妻子梅琳达就创办了比尔与梅琳达·盖茨基金会信托。2010年，身为三个孩子父亲的比尔·盖茨在采访时表示："我真的觉得留太多钱给子女，对他们来说真不是什么好事。"这句话赢来了股神巴菲特的赞赏，巴菲特同意将自己的大部分财产捐赠给比尔和梅琳达·盖茨基金会。这一年，比尔·盖茨和巴菲特组织了一个"捐赠誓言"（Giving Pledge）的活动，号召超级富翁生前或者死后至少用自己的一半财富来做慈善。

在比尔·盖茨和巴菲特的示范下，甲骨文公司创始人拉里·埃里森，eBay创始人皮埃尔·奥米迪亚、Facebook联合创始人马克·扎克伯格和达斯汀·莫斯科维茨、英特尔联合创始人戈登·摩尔、AOL联合创始人史蒂夫·凯斯、Salesforce创始人兼CEO马克·贝尼奥夫、高通联合创始人艾文·雅各布等，都纷纷加入了慈善捐助事业。

如此多的商业大腕在加入硅谷俱乐部的时候，都会参加"捐赠誓言"活动，承诺会将自己的大部分财富捐赠给慈善事业。其中，马克·扎克伯格的"捐赠誓言"最引人关注，因为他和太太承诺捐赠99%的个人资产，远超过一半的捐赠门槛。

根据美国国家慈善机构的统计，美国每年的慈善捐赠总额大约为3000亿美元，硅谷俱乐部的捐款至少占1250亿美元。随着美国社会对慈善捐款的监督越来越严格，富豪捐款从当初的口号变成了事实。新一代的富豪不得不"接棒"慈善事业。不过，也有人对此提出了自己的新想法，比如，谷歌创始人拉里·佩奇就明确说过，自己只愿意把钱捐给能改变世界的实干家，比如马斯克。

马斯克本人在"捐赠誓言"中是如何表达的呢？他承诺把自己的大部分财富捐赠给再生能源、科学、技术教育和儿童保健等领域的研究。当时他的身价为20亿美元，但是能捐出来的钱却屈指可数。

马斯克是一位现金匮乏的亿万富翁，除了手头现有的几套房子之外，他几乎所有的财富都来自特斯拉和SpaceX公司的股份，但俱乐部一致认为，他未来能捐助的潜力最大。这也逼着马斯克再次承诺"每隔几年"将出售价值约 1 亿美元的特斯拉股票用于慈善事业,并"在特斯拉平稳发展的大约 20 年左右"捐赠大笔款项。

虽然看上去有点儿像被逼迫捐款,但事实上马斯克做慈善的初心和他改变世界的野心一样有目共睹。在加入硅谷俱乐部之前,马斯克其实早就建立了自己的基金会。自 2002 年创立马斯克基金会以来,马斯克已经通过基金会向非营利组织捐赠了 350 笔,约 2500 万美元。来自南非的他,对于贫富差距有着比谁都深刻的体会,无论是创立特斯拉还是做慈善,其实都离不开造福全人类这个出发点。

和拉里·佩奇一样,马斯克对于捐赠所能达到的实质效果异常看重。他曾经说过:

> 我很高兴能够成为"捐赠誓言"的一分子,因为我相信这一活动能够对世界产生实质影响。但是,和许多亿万富翁拒绝进行大额捐款一样,我们都担心捐出去的钱无法真正起到效果。

关于如何有效捐赠,马斯克会定期在 Twitter 社交平台上向那些呼吁他参与慈善的特斯拉粉丝透露有关想法。有时候,他还会承诺将自己基金会的钱奖励给那些在推特上向他发问的粉丝。

2016 年之后,马斯克大约四分之三的捐款都是通过 DAF(捐赠人指导基金)完成的,而 DAF 因为无需提交公开税务文件,所以外界并不清楚马斯克到底做了什么捐助。在做慈善这件事上,马斯克同样特立独行,外界越是质疑他捐钱少,他越是搞匿名捐助。

在这个拿慈善做秀的时代,马斯克对此嗤之以鼻,他甚至对"亿万富翁"这一称号很反感。对于如何利用自己的财富让世界变得更好,他有明确的想法:

> 我的一半财富将用来解决地球上的问题,另一半财富则将用在火星上,确保在地球遭遇小行星撞击,或第三次世界大战时,更多的生命得以延续下去。

小结：只有偏执狂才能生存

英特尔公司前CEO安迪·格鲁夫写过一本叫《只有偏执狂才能生存》的书。在书中，安迪·格鲁夫这样写道："我笃信'只有偏执狂才能生存'这句格言。只要涉及企业管理，我就坚信偏执万岁。企业繁荣之中孕育着毁灭自身的种子，你越是成功，垂涎三尺的人就越多，他们一块块地窃取你的生意，直至最后一无所余。我认为，作为一名管理者，最重要的职责就是提防他人的袭击，并把这种防范意识传播给每一位工作人员。……带领企业走过战略转折点，就像在陌生的领地行军一样。企业的规则有的没有建立，有的闻所未闻，因此，你和同伴的手里没有新环境的地图，也不清楚自己想到达的目的地在哪里。作为领导人的你，必须带领你的团队拼命征服——不然就灭亡——死亡之谷，它是战略转折点中的必经之地。你无处可逃，也无法改变其凶险的面目，但你可以更有效地对付它。"[1]

安迪·格鲁夫的这段话，用来形容马斯克带领特斯拉走向崛起的过程，是再合适不过了。

---

[1]《只有偏执狂才能生存》，（美）阿迪·格鲁夫著，安然译，辽宁教育出版社、中信出版社，2002年8月。

1. 自大与坚持

树大招风。对于福特、宝马这些传统汽车厂商和 Better Place 公司、菲斯克汽车这些电动车同行，马斯克骨子里是不屑与他们竞争的，但现实又逼着他不得不应对他们的刁难。整体上，马斯克对这些所谓的竞争对手，采取的态度是：战略上藐视敌人，战术上重视敌人。

他有自大的一面，也有坚持不妥协的一面。Model S 的设计过程充满艰难抉择，为了抢时间上市，特斯拉团队多次试图说服马斯克放弃铝制车身这个想法，但是马斯克坚持这是唯一的合理选择，丝毫没有妥协的意思。他说："我知道我们肯定能做到，只是花多少精力和时间的问题。"正因为有马斯克的自大与坚持，特斯拉才进了一大步。

2. 压力越大越专注

整体经济环境的不景气、来自四面八方的竞争压力和卖空者的捣乱，这些非但没有压垮马斯克，反而让他练就了在危机之下依旧专注工作的能力。特斯拉的员工说："他变得更加理性，依旧能够做出清晰并且有远见的决定。压力越大，他做得就越好。任何见识了他所经历的一切的人都对他怀有敬意。我从未见过比他更坚毅的人。"马斯克身上这种能影响团队穿越"死亡之谷"的抗压力和反弹力，恰恰是一般领导者所不具备的。

3. 独特的竞争理念

没钱没渠道的特斯拉，之所以能战胜财大气粗的传统汽车公司，关键之一在于团队。马斯克把竞争的重心放在了人身上。特斯拉通过招聘绝顶聪明的员工来弥补研发资金上的短板，与绝大多数汽车公司依赖的第三方服务商相比，这些员工无论在敬业程度或聪明才智上都更胜一筹。马斯克相信，一个佼佼者远胜于三个平庸之辈。与顶尖的人共事，是成功的关键。

第七章

开放但不好相处的经营者

——特斯拉管理法则

特斯拉不是最早提出做电动汽车的,它不是完全的颠覆者,有人将马斯克的成功总结为幸运。特斯拉的最大竞争者菲斯科(Fisker)公司,其创始人亨里克·菲斯科是汽车界的前辈,公司却在试图迅速扩张的过程中陨落。特斯拉的成功,并非因为对手的缺席,而是因为马斯克的"变态"经营。马斯克对自己、员工和产品的要求都很严格,甚至可以用苛刻来形容,正是在这样的"高压统治"下,特斯拉才实现"凤凰涅槃"。

不设独立办公室，只有一张办公桌

2017年，马斯克在特斯拉第三季度的电话会议中称："我事实上没有一张办公桌，我总是不断变换自己的工作场所，特斯拉哪里出现的问题最大，那我的办公地点就在哪里。我事实上相当认同身先士卒这句话，那就是我为何在那的原因。"

很多老板要么把自己的办公室装修得富丽堂皇，要么故意装修得很简单，反正就是要达到炫耀的目的。务实的马斯克没有这么轻浮，他之所以不设独立办公室，是因为他真的用不到，他要负责7家公司的运转，他也不知道自己哪天会在哪里办公。流动性办公，对于马斯克来说是习以为常的事情。当然，他完全可以在独立办公室坐镇指挥，但他习惯于身先士卒。

Model X 投产时，因为每周要在那里待很长时间，马斯克干脆把他的办公桌搬到生产线最末端，办公桌旁边就放着睡袋；Model 3 遭遇困境的时候，身患感冒的他也一直办公、吃、住、睡在内华达州斯帕克斯的超级工厂中。

所以，在公司项目紧急的时候，特斯拉各级部门的领导会主动号召大家加班，理由很简单："我们的老大埃隆已经睡在工厂了！"

这一招非常管用。特斯拉一直存在交付压力，久而久之，大家都习惯加班了。

没有谁能随随便便成功，马斯克也不例外，特斯拉也不例外。可以说，特斯拉能快速胜出，某种程度上是马斯克带领团队加班加出来的。

在法律严苛的美国，能让员工"自愿加班"是一件十分困难的事情。但马斯克成功做到了。在《60分钟》的专访里，马斯克煽情地说：

> 要想让员工多付出，我自己必须先吃更多的苦。[1]

而在外人看来，他的身先士卒是在作秀。就连投资人兼董事会成员史蒂芬·左维森也说过："他（马斯克）有意把场地定在最显眼的位置，这样一来，他在周末工作的时候别人都能看见他，并知道在哪里可以找到他。有时他故意在周末安排与供应商的电话会议，好让大家知道连他都以身作则，牺牲私人时间在工厂工作，其他人也应当效仿。"

不管作秀成分有多少，效果确实显著。在特斯拉，经常有高管在内部发这样的邮件："公司资金吃紧，人手不够，我需要你们的帮助，需要你们自愿加班。我们必须在未来×天内再交付×辆车。"许多看起来不可能完成的任务，就是这样被特斯拉团队攻克的。

那些在周末被紧急召唤加班的特斯拉人如是说："一个亿万富翁睡在工厂地板上和我们一起奋战，这种感觉就像大家一起打天下。"

很多人会说，只要加班费够丰厚，加班并不是一件不可接受的事情。但事实上，马斯克很"抠门"，他很少拿薪资作为激励手段。与硅谷其他公司相比，特斯拉员工的福利少之又少，他们买车没有优惠，食堂不免费而且还很贵。

有一次，马斯克破天荒地对大家说："如果我们能实现单季度盈利，我们就开一个派对庆祝。如果能实现连续四个季度盈利的话……"大家屏住呼吸，等着他说发奖金，结果他来了句："那么我们就办一

---

[1] 马斯克接受美国CBS电视台《60分钟》节目莱斯利·斯塔尔（Leslie Stahl）专访，2018年12月11日。

场前所未有的盛大派对。"再没有人指望马斯克主动发福利。

不过想加入特斯拉的人似乎都有"为了伟大的目标可以放弃那些庸俗欲望"的觉悟。一位马斯克的超级粉丝，为了加入特斯拉，在费尽各种心思联系各业务部门负责人、发邮件投简历争取面试后，最终成为特斯拉的一员。他如是说："没人是为了钱来特斯拉的，那太庸俗了。至于那些压力，如果你不能应付，我只能说，是你不适合特斯拉。"

在外界看来不合常理的行为，在特斯拉员工眼里却显得很酷，这些出格的行为让他们觉得自己是在对抗保守集团。

马斯克通过自己特立独行的人格魅力，不仅吸引了一群志同道合的事业合伙人，还积累了大批铁杆粉丝。他们坚决拥护马斯克。当然，个人魅力很重要，但和粉丝近距离互动也很重要。马斯克总是尽力站在离粉丝最近的地方，哪怕那里有危险。

2017年末，特斯拉在洛杉矶郊外的射流中心发布最新的电动卡车Semi。作为这场卡车发布会的惊喜环节，特斯拉发布了新款的Roadster跑车。卡车的介绍环节结束后，全场灯光突然关闭，原本离场的卡车悄悄倒回到舞台一侧，集装箱打开，新款Roadster在一片烟雾中现身。而走到了警戒线前面和粉丝握手的马斯克，正站在新款Roadster的正前方。马斯克没有提前和团队打招呼，如果当时司机启动了汽车，就直接压过他了。

叛逆的马斯克超级讨厌层级制度，他希望和员工也好，粉丝也罢，保持直接的沟通。以身作则，专注于未来，专注于事情，不世故圆滑，这一点正是他的吸引人之处。

"特斯拉是一家硅谷公司"

特斯拉的成功,在于用互联网方式颠覆了传统汽车界的通行模式。

2008年,马斯克接任特斯拉CEO后,提出了"硅谷颠覆底特律汽车中心"的口号。20世纪60年代半导体工业崛起,优秀人才大规模集聚到硅谷地区,1971年,美国记者霍夫勒提出了"硅谷"一词,这块面临太平洋、纵深仅约100公里的平坦谷地,成为全球优秀人才朝圣的地方。超过一半的人才来自美国本土以外。

硅谷最大的特点是高科技气质。这里诞生了改变世界经济和人类科技的众多科技巨头:苹果的乔布斯、脸书的扎克伯格、亚马逊的贝佐斯、谷歌的佩奇和布林、甲骨文的埃里森等。他们在硅谷创造财富、颠覆科技、改变世界,让硅谷成为全世界高科技创业者的学习榜样。

硅谷的高科技气质深刻地影响着特斯拉产品。特斯拉具有许多划时代的特质,酷、高科技、开放性等气质都深深嵌入它的产品设计中。特斯拉从来都没有将自己的产品定义为传统意义上的汽车,而是一个高科技的电子产品。

过去,电子器件只占汽车材料成本的5%左右。但特斯拉电动汽车80%~90%的技术创新来自电子器件。在奔驰、宝马等豪华车将触摸屏逐渐引入汽车内部的时候,特斯拉全盘放弃了按键,用一块大的触屏解决所有问题,空调、天窗等均用触控的方式打开和调节。特斯拉电动车可以刷软件,类似一部大号智能手机。高科技为特斯拉筑起了坚固的护城河,让传统汽车望尘莫及。

硅谷从一个没有技术、资金、人才的不毛之地,发展成一个18000多家创业公司扎堆的地方。硅谷的伟大之处在于它能接受失败。硅谷流行这样一句话:"当你不再害怕失败之时,就是伟大的成功即将到来之日。"

那些因为失业才去创业的人在硅谷不会被另眼相看,不管你的创业想法多么粗糙,硅谷人都不会轻视你,因为他们看多了那些曾经缺乏经验的创业者在若干年后成为亿万富翁的实例。美国社会赞赏冒险精神,而失败是冒险的一部分。在硅谷,有浓郁的允许试错的氛围。硅谷人的创业逻辑是"行动—试错—改进",他们喜欢渐进式迭代创新,不提倡在万事俱备之后再行动。

即便是努力后还是失败,也不意味着天就要塌下来了。很多大公司会关注那些并非由于技术失误而导致失败的创业公司项目。这变相鼓励了创业的氛围,降低了创业的风险,为创业者提供了软着陆的空间:即使公司经营不成功,只要产品与技术够创新,你还拥有被大企业收购的机会。

马斯克也坦承过:

> 硅谷的破产率非常之高。那里是一个'杀戮场',只有拥有真正价值主张的公司才会通过考验。

中国小米手机成功运用互联网模式打造产品,秘诀就是单点切入快速迭代,据说,这一点正是雷军从硅谷考察学来的。

特斯拉就是一个富有迭代精神的造车能手。特斯拉没有像其他汽车公司那样,"毕其功于一役",把所有新功能统一集中在新一代产品中发售,而是在每项技术完善到可以市场化的时候便立刻应用在当下流水线上的产品中。比如,Model S的横空出世让特斯拉一时占尽风头,Model S有众多别出心裁的新卖点,但实际上所有特斯拉内部员工都清楚,若与竞争对手宝马和奔驰的同类型座驾相提并论,Model S 的各项性能在逐项对比中皆略逊一筹。

特斯拉一路踉跄发展,却受到的赞誉最多,根本原因就在于,它践行着硅谷的创新精神,在试错和失败中让大家看到了希望。有人这样形容马斯克:他就像一盏明灯,照亮了互联网进军传统行业、击垮传统商业巨头的道路。

不遗余力从苹果公司挖人

管理大师彼得·德鲁克说过:"没有一家企业可以做所有的事情,即使有足够的钱,它也永远不会有足够的人才。"即便像苹果和特斯拉这样优秀的公司,私底下也在上演着"抢人"的戏码。

2015年,乔布斯的好朋友史蒂夫·沃兹尼亚克在接受《国家地理》采访时,被问到这样一个问题:当今世界谁能填补乔布斯留下的空缺?他如此回答:"我认为,具备像乔布斯一样前瞻能力的人可能有上百万个,但谁能将它们变成能够改变我们生活的真实产品呢?我从很多方面观察了马斯克,他追求的领域都是其他人直言因为这样或是那样的理由无法取得成绩的领域,比如太阳能、SpaceX、特斯拉汽车等。"

与乔布斯和马斯克都一起工作过的乔治·布兰肯希说过:"他们俩就像从不同的时空穿越到现在,试图把我们带到他们知道我们可以去的地方。"

因为苹果和特斯拉都是通过颠覆行业而改变人类生活,所以世人很喜欢把马斯克称为乔布斯的接棒者。事实上,正如武林高手不会轻易对另一位高手服气一样,内心高傲的马斯克其实对乔布斯有一种特殊情结。

2015年,在接受GQ网站的访谈,被问及苹果已故创始人乔布斯时,马斯克透露,他第一次遇到乔布斯时,觉得对方有点笨。他的原话是:"The one time I met Steve Jobs, he was kind of a jerk."

马斯克也坦承自己对乔布斯和苹果有一些敌意，但这一点儿也不妨碍他对苹果手机的欣赏和从苹果公司挖人。

特斯拉和苹果一样，追求极简化的设计，每个体验点上都做到了极致。特斯拉的设计理念、商业模式、服务方式都与苹果公司很相似，但这不是巧合，而是马斯克不遗余力地从苹果公司挖人的结果。

马斯克从苹果挖来 Mac 硬件副总裁道格·菲尔德，负责特斯拉的设计，还挖来苹果制造部门主管瑞驰·赫雷，以及为数众多的苹果设计师、工程师和运营人员。这些人为特斯拉带来了苹果的极简风格，Model S 的中控屏便是最好的例证。一块 17 寸的全触摸显示屏，没有复杂的按钮，上手非常容易，基本上跟操作 iPad 没什么区别。这套系统也提供了上网、导航、影音等功能，提供了有如巨大的触碰式平板计算机般的实用性。其他配置方面，后座 USB 插孔、LED 雾灯、HID 头灯、卫星导航、倒车影像、无钥匙启动等，应有尽有。

前面我们也提到，马斯克还挖来负责苹果零售策略的乔治·布兰肯希普担任销售副总裁。布兰肯希普几乎是完全复制了苹果零售店的打造模式。特斯拉展厅的一线员工，和苹果零售店的员工一样，被称为"产品专家"而不是销售员，尽管他们也负责接待前来店面订购车辆的用户。苹果零售店并不把自己定位为销售 iPad 等产品，特斯拉也不认为自己是在销售汽车，它们都在传授人们一些新知识，让人们感受新产品的美好。

事实上，马斯克从苹果挖人的时间可以追溯到 2007 年，乔布斯向世界宣布苹果手机诞生的那年年底，马斯克就试着挖苹果公司前 CEO 托尼·法德尔加入特斯拉。托尼·法德尔为人所知的成就是让 iPod 和 iPhone 成为现实。托尼·法德尔爆料过："埃隆和我就成为特斯拉 CEO 一事有过多次会面，他甚至在我前去办公室拜访时，为我准备了一个惊喜派对。"不过，托尼·法德尔也是一个创业爱好者，他离开苹果公司创建了 Nest——一家智能家庭设备制造公司。

除了不断从苹果挖人之外，马斯克还曾经想把特斯拉卖给苹果公司。"在 Model 3 项目最黑暗的日子里,我与蒂姆·库克曾进行会谈,讨论了苹果收购特斯拉的可能性,当时收购价格仅是特斯拉目前市值的十分之一,但库克拒绝了讨论。"

风水轮流转。对于马斯克不断从苹果挖人的行为,苹果公司也予以了"反击"。

2021 年 1 月,苹果公司宣布进军新能源汽车行业。苹果造车野心蓄谋已久,苹果董事会的米德勒·德雷克斯勒曾表示,如果乔布斯活着,他可能会开发一款汽车——iCar。因为乔布斯在世时认为,苹果有能力设计好一辆车。乔布斯早在 2008 年就有造车的念头,但当时苹果手机的设计研发工作让他实在抽不开身。

2014 年,苹果悄悄启动了电动车计划,但当时苹果的"泰坦"项目进展并不顺利。随着特斯拉的不断成功,苹果才真正意识到汽车产业的潜力。从 2017 年开始,苹果先后申请了近百件汽车专利,涵盖了充电、自动驾驶、AR 导航、生物识别、智能硬件、车外交互电动汽车、车载系统、车身结构优化、安全保障等。

2020 年,苹果在自动驾驶研发上的投入达到了 190 亿美元。有消息称,2020 年苹果公司已经完成了"AppleCar"原型车的组装,大约有几十辆测试车已经在加州上路并进行了相关的验证和路试工作。"AppleCar"之前预计 2023 年发布。

对于苹果公司造车,马斯克一点儿也不惊讶,早在 2016 年,马斯克就曾表示:

> 特斯拉的最大竞争对手不是谷歌,而是苹果公司。

不过让马斯克稍感意外的是,一向以极致创新为宗旨的苹果公司,竟然也要开始"走捷径"了。苹果公司决心造车之后做的一个大动作就是从特斯拉挖人,2018 年苹果从特斯拉挖走了至少 46 名员工。

随后不断有高层被高薪挖走,包括负责特斯拉电驱动系统的副总裁，负责特斯拉内外饰的研发副总裁，Model 3 的首席工程师以及前副总裁，机械工程经理，负责自动驾驶汽车项目的工程师，从事特斯拉自动驾驶系统工作的副总裁，高级动力总成测试工程师，首席招聘官，高级 CNC 程序员等。

截至 2020 年底，苹果公司自动驾驶特殊项目组总计有 1200 多人，其中 170 人来自福特汽车公司，300 多人来自特斯拉。

把谷歌公司作为学习标杆

除了欣赏苹果公司之外,马斯克还把谷歌公司作为学习的榜样。马斯克和年纪相仿、同样富有抱负的谷歌创始人拉里·佩奇私底下是很好的朋友。据传,马斯克是个"富可敌国的流浪汉",经常居无定所,拉里·佩奇经常"收留"他。拉里·佩奇对这位朋友可谓仁至义尽,除了照顾马斯克的私生活,还在事业上不吝投资,不仅给特斯拉投资过110亿美元,还给SpaceX投了10亿美元。

当谷歌进军人工智能领域的时候,马斯克如是说:"尽管佩奇的出发点并无恶意,但他可能会无意中制造出有害的产品。人工智能机器人可能会向负面发展,甚至会威胁到人类。"只有好朋友才会这么直言不讳。

关系要好的两个人,彼此难免会相互影响。马斯克和拉里·佩奇经常一起讨论各种商业变现方法。在拉里·佩奇的影响下,马斯克难免会把谷歌的一些经验运用到特斯拉的实践上。

2014年7月12日,马斯克在自己的社交平台上宣称:"特斯拉将毫无保留地开放所有专利,以应对环境变化。特斯拉将不会针对善意使用其技术的人提起专利诉讼。"

有人说,马斯克此举是在向偶像尼古拉·特斯拉致敬。尼古拉·特斯拉一生中取得了700多项发明专利,本可以靠着这些专利成为超级富翁,但他却选择免费向社会开放。尼古拉·特斯拉的做法让人钦佩,但这并不是马斯克学习的榜样。正如前面我们提到过，比起尼古拉·特斯拉，马斯克更欣赏重视技术商业运用的爱迪生。

其实，马斯克之所以选择开放专利，正是借鉴了谷歌的经验。1999年，拉里·佩奇和谢尔盖·布林创立的谷歌，彻底改变了人们获取信息和随时了解新资讯的方式，搜索已融入日常生活并成为生活中不可或缺的部分。谷歌在移动互联网领域逐渐奠定霸主地位，一个重要的法宝就是安卓系统平台。因为安卓系统平台的开源性，使得世界上绝大多数手机厂商都在同谷歌进行合作。

开放技术与开放信息的使用，是谷歌最重要的核心价值。谷歌的战略是实现搜索谷歌向网络谷歌的转变。作为开放平台领域的开拓者和领导者，谷歌所做的一切均围绕着构筑网络谷歌这个战略目标展开。其开放的范围涵盖了社交网络、企业及移动应用开发、广告、互联网电视、位置和移动支付等多个领域。

如何吸引通用汽车、福特、丰田、奔驰、宝马等成熟公司与自己这个初创公司一起合作呢？像谷歌一样授权自己的技术是一个极佳办法。开放专利，取长补短，突破电动车行业的各种难题，带动整个电动车行业的共同发展，把电动车行业的整体蛋糕做大，从而增加特斯拉的收益，进而吸引更多的资金、优秀人才、尖端技术涌入特斯拉，这才是马斯克的真实意图。

和谷歌一样，特斯拉也在逐渐打造属于电动车领域的开放平台。2014年，奔驰公司推出 B 型电动汽车，其充电完成后的行驶里程达到了 115 英里。B 型电动汽车之所以能达到这一水平，要归功于特斯拉公司。马斯克的电动车公司帮助 B 型电动汽车打造了全新的电动发动机、电控系统以及最为关键的电池。

另外，特斯拉还和丰田汽车公司建立了合作。在特斯拉的帮助下，丰田汽车生产的 RAV4 EV 和 SUV 汽车的最高里程均超过了 100 英里。当然，特斯拉并不是活雷锋，它之所以慷慨帮助丰田，是因为之前从丰田手里近乎免费捞到了一个工厂。

1984年,丰田汽车和通用汽车合作建立了新联合汽车制造公司(New United Manufacturing Inc.),厂址设在加州硅谷外围的弗里蒙特市,前身是通用汽车的组装厂。这两家企业希望通过设施整合来集中美国和日本汽车技术的优势,从而生产出更物美价廉的汽车。这个工厂产出过数以百万计的雪佛兰和丰田花冠汽车,直到经济开始衰退,通用汽车陷入濒临破产的泥沼。

出于企业利益考虑,通用汽车于2009年放弃了工厂,而丰田汽车不久后也宣布工厂结业,致使5000员工失业。就在这样的命运撮合下,特斯拉得以收购这块落在自家后院的面积为550万平方英尺的现成工厂。2010年4月,丰田花冠停产,仅一个月后,特斯拉与丰田汽车便联合宣布了二者的合作关系及工厂所属权的转让。特斯拉以4200万美元收购曾经市值为10亿美元的工厂,而丰田汽车以5000万美元收购特斯拉2.5%的股份。如此一来,特斯拉基本上不费分毫便获得了工厂及其连带的巨型金属冲压机等设备。

特斯拉之所以愿意将自己的技术授权给其他竞争对手使用,是因为马斯克深知,如果自己能推出一个统一的平台,那么整个汽车行业都将从中获益。马斯克喜欢对外界强调,特斯拉的主要目标是"让更多的电动汽车上路",使它们看起来像是交通工具而非一种新奇事物。他说:

> 我真心鼓励其他厂商进入电动车市场,这是一件好事,市场需要它们的进入,电动车要不断提高性能并更新换代,帮助人类在未来实现可持续性交通运输。我希望这一天更早些到来。

让竞争对手使用自己的核心技术,马斯克并没有因此担心特斯拉的地位会受到威胁。随着不断提高汽车的服务质量、设计风格和可靠性,特斯拉只会甩对手越来越远。正是有这份自信,特斯拉敢于共享的东西越来越多,从发动机技术专利到电池技术再到共享充电站服务。

失道者寡助，得道者多助。要想创立一家伟大的公司，仅仅生产出伟大的产品还远远不够，还应该让其他公司在自己所提供的平台上获得成功。马斯克复制了谷歌的这一成功基因，为特斯拉这个汽车新手赢得了与行业大佬的合作。

值得一提的是，特斯拉运用互联网思维，通过口碑营销来吸引顾客的社会化营销手段，也是借鉴谷歌的经验。谷歌是低成本玩营销的始祖之一。2004年3月，谷歌在全球率先推出的1G免费邮箱，以抗衡雅虎和MSN。

为了迅速推广邮箱业务，谷歌别出心裁，通过邀请制，不需要自己费时费力做推广，业务就像病毒蔓延一样由用户自动传播开去，每个参与者都在帮自己宣传。当时互联网上谈论Gmail，如社区、论坛，跪求Gmail的人遍地都是，甚至有人在eBay上进行拍卖，价格从30美分到30美金不等，拍卖数量超过上千条。邀请制使Google的Gmail邮箱推广取得空前的成功，从雅虎和MSN那里切走了蛋糕，并引发互联网界地震。

自主创新掌握核心技术

对于管理可以模仿和学习,但是对于核心技术,马斯克要求团队一定有所突破。

以格力为例。空调有三大件,分别是电机、冷凝机、压缩机。当年,格力因为这三大件需要从供应商那里购买,经常被卡住脖子。为了实现自给自足,格力提出了"掌握核心技术"的口号,从此不仅摆脱了供应商的束缚,还提高了产品质量。打铁还需自身硬,只有自主创新,"掌握核心技术",新兴企业,尤其是科技企业,才能彻底立于不败之地。

和菲斯克公司一样,特斯拉也曾经因为零部件外包而被迫召回汽车。Roadster 的零部件供应商来自世界各地,比如碳纤维材料产自法国,底盘产自英国,电池产自日本。结果,2009年5月,由于车体和底盘存在安全隐患,特斯拉被迫召回345辆Roadster。2010年10月,又一处零部件问题致使特斯拉再次对439辆Roadster进行召回。Roadster的悲惨经历,让马斯克痛下决心:一定要强化自主生产能力,掌握核心制造技术,确保产品质量。

从 Model S 开始,特斯拉将电池、电机和电控系统这三大件的核心技术由外包改为自产。在动力电池系统中,电池占据最大的成本比重。为此,特斯拉将创新的大刀首先砍向了电池。Roadster 和 Model S 的电池组分别由6000多枚和8000多枚18650电池组成,经过数年发展,18650电池的性能已有极大提升。18650电池有很多创新,但电池不是特斯拉的核心技术。在后来推出的 Model 3 车型上，特斯拉已经摒弃了 18650 电池，转而启用了与松下联合开发的 2170 电池。特斯拉真正的核心技术是 BMS（电池管理系统）。

马斯克本身便有物理学的背景，又在硅谷招聘了上百名工程师，这是它技术领先的根本原因。特斯拉拥有一个独立的锂电池监测实验室，并依据锂电池单体化学性能、形状系数建立了一个完备的数据信息中心，通过这个实验室以及数据中心将电池供应商所提供的电池进行严格的性能测试以及一致性筛选，主要关注指标包括：单体容量大小、储能持久性、功率输出大小、电压上下限等。其中一致性、安全性较好的电池作为电池组备用电池，从而在根本上保证电池组功率传导的稳定性以及持久性。

里程焦虑和充电设施不便一直是消费者购买电动汽车主要的痛点，特斯拉通过自建充电桩有效解决了这个问题。特斯拉 V3 超级充电桩使用了全新的液冷电线，可支持最高 250 千瓦的峰值充电功率，更具有轻便性、高效性、灵活性。在超级充电站可快速充电，充满仅需几十分钟。目前，特斯拉已建立遍布全球的一千多座超级充电站，一万多个超级充电桩。特斯拉超级充电站的庞大网络对提高电动车使用便捷度有极大帮助，有利于提升消费者使用黏性和品牌忠诚度。

作为自动驾驶技术的先驱，特斯拉自动驾驶系统 Autupilot 最早于 2014 年 10 月推出，成为率先实现自动驾驶技术量产的车企。其自研芯片——FSD 芯片，在核心技术领域彻底摆脱了第三方供应商。FSD 芯片性能优异，是目前全球最强自动驾驶芯片，包含三种不同的处理单元：负责图形处理的 GPU、负责深度学习和预测的神经处理单元 NPU，还有负责通用数据处理的中央处理器 CPU。

依托自动驾驶技术，特斯拉收集了数以十亿公里计的驾驶数据，领先其他厂商相当多的距离。路测数据作为自动驾驶领域的宝贵财富，成为特斯拉一大竞争优势。

基于强大信息处理技术的特斯拉 FOTA（移动终端空中下载软件升

级)自动驾驶系统,更是深得用户喜爱。传统车企通过 OTA(空中下载技术)只能更新娱乐信息系统,而涉及汽车动力、操纵等系统更新升级要到线下 4S 店,而特斯拉可以通过 FOTA 更新自动驾驶系统,并且可以通过软件改变刹车距离、提高加速度等来提高整车性能,使这个过程变得类似于电脑和手机的软件更新。特斯拉能够像智能手机一样进行系统升级,而传统车企只局限于通信模块、娱乐系统等软件 OTA,无法像特斯拉一样对动力系统和底盘域进行远程控制或升级。

此外,传统汽车厂商的汽车电子电气架构(EEA)比较分散,相关零部件购自不同的供应商,主机厂难以满足智能汽车的要求对其进行更新和维护。而特斯拉采用了集中式的 EEA,其中特斯拉的 Model 3 的 EEA 只有 CCM(中央计算模块)、BCMLH(左车身控制模块)、BCMRH(右车身控制模块)三个模块,中央计算模块直接整合了驾驶辅助系统和信息娱乐系统两大域,以及外部连接和车内通信系统域功能,左车身控制模块和右车身控制模块分别负责剩下的车身与便利系统、底盘与安全系统和部分动力系统的功能。特斯拉在 EEA 上的改动,掀开了电动汽车从机械化到电子化的变革。

总之,因为在自动化、电气化、智能化核心技术上的突破,让特斯拉最终成为人们心目中电动车技术的代表。其中,自主研发核心技术,帮助特斯拉拥有知识产权并使成本得以控制,形成了核心竞争力。

公认"不好相处"的老板

"马斯克是个不怎么好相处的老板。他对工作总是有高标准,很多时候下属总是很难让他满意;他总是处于不断向前奔跑的状态,有时候让我们很难跟上他的步伐。"

"埃隆最糟糕的缺点是缺乏忠诚或人情味,我们中的很多人多年来一直兢兢业业地替他工作,但他却不假思索地把我们像垃圾一样丢在路边。"

"他根本就不是一个正常人,他的节奏一般人适应不了!"

在离职员工眼里,马斯克是一个异常苛刻、不好相处的老板。的确,在霸道总裁马斯克那里,不存在人情味儿,也没有礼贤下士的概念。

2012年,特斯拉前公共关系副总裁理查德·雷耶斯离职,他的继任者在接手工作6个月后就选择了离职。

曾有一个员工因为孩子出生而错过了一场活动。马斯克马上发来连珠炮似的责难邮件:"这不是借口。我感到非常失望。你需要弄清楚,什么对你来说更重要。我们正在改变世界、改变历史,如果你不打算全力以赴,那你就别干了。"

跟随他12年的行政助理,因为提出加薪请求,被告知可以先去度两周的假,让他好好想一想。但等她回来之后,马斯克却告诉她,他们之间已经没法再合作下去了。

关于马斯克的冷酷无情,妹妹托斯卡·马斯克这样说:"马斯克诚实得近乎残忍，有时你会觉得'这也太伤人了吧'，但他其实并没有恶意，也不想让人难过。他喜欢别人对他同样诚实。"

脾气差、情商低、不近人情，似乎是超级有才华人的通病。在乔布斯和贝索斯面前，马斯克的这些"黑点"简直可以忽略不计了。乔布斯是出了名的"暴君"。苹果高级设计副总裁乔尼·艾维这样评价乔布斯："他发泄的办法就是伤害别人。我感觉他这样做时毫无顾忌，而且似乎理所当然。他认为，社会交往的常规准则并不适用于他。正是由于他本人的敏感，使得他非常了解如何迅速有效地伤害别人。"而在亚马逊，员工把贝索斯的怒气爆发称为"癫狂发作"。每当贝索斯发怒的时候，他就变得非常夸张，而且冷酷无情，对员工做出相当过分的指责。亚马逊的员工们曾收集过贝索斯的一些最伤人的话，其中包括"你是懒惰还是没有能力？""你为什么要浪费我的生命？"以及"不好意思，你今天吃了脑残片吗？"

马斯克、乔布斯和贝索斯，他们之所以会成为如此不好相处的老板，一个最大的共同原因就是：他们都是敢于对自己下狠手的人，同时总是习惯拿自己的高标准去严格要求下属，但事实上很少有人能达到他们的标准。

作为这个世界上最成功且最忙碌的企业家之一，马斯克同时管理着7家企业——SpaceX（火箭发射与回收）、特斯拉（电动汽车）、The Boring Company（基础设施和隧道建设）、Hyperloop（超级高铁）、OpenAI（人工智能）、Future of Life Institute（生命未来研究）和Neuralink（大脑芯片），还养育了6个孩子——和第一任妻子贾斯汀·威尔逊生育了5个，和小他17岁的女友加拿大流行歌手格莱姆斯（Grimes）生育了1个。

为了把时间的价值发挥到最大，马斯克用了很多时间管理手段。他本人很推崇"Time Boxing"工作法。凡是醒着状态，马斯克会以5分钟为单位来安排日程，一天的时光就切成了几百个"时间方糖"。

到工作时间，每天的最低标准是处理最关键的事务，包括最紧要的工作、需要见面的关键人物和必须参加的关键活动。接下来的非工作事务，马斯克会压缩在最短时间内完成，包括花5分钟吃饭，一周为约会安排10小时，小便也要3秒钟解决等。一心二用甚至三用，是马斯克管理时间的一大特点，他会在开会时用手机打理生意，在检查发票时回复邮件，有时抱孩子坐在腿上玩耍还会抽空回份邮件……

这样一个惜时如金、效率至上的老板，对于做事慢吞吞、借口一堆的下属，自然是无法容忍的。可能他本人也意识到了对下属发脾气是一件不光彩的事情，为了避免面对面的尴尬，他爱上了电子邮件这种沟通方式，用他自己的话说："我喜欢邮件，并且尽可能尝试异步沟通，我非常擅长写邮件。这是我的核心竞争力。"

为了让邮件沟通更高效，马斯克琢磨了很久，以至于他在写邮件的功力上炉火纯青。马斯克的邮件，用语清晰、简洁、直接，能用两个单词就绝对不用三个。为了给员工施加压力，他还会在结语上花足心思，他习惯用"我希望……，你能够做到吗？"的句子，他知道员工回复邮件时很难拒绝，而对方一旦在邮件中答应，就像是自己承诺完成任务，而不是他硬压下来的。

马斯克对低水平交流非常反感，这是他让员工觉得受伤的一个地方，员工觉得他不尊重自己，而马斯克则觉得和对方交流浪费自己的时间。通过邮件交流，就能避免现场的尴尬。

作为时间管理大师，马斯克名副其实，但他毕竟也是凡人之躯，如果缺乏必要的休息时间，也会失控。马斯克曾坦承："当我睡得不够时，我发现我会变得很暴躁。我也可以减少睡眠时间，但那样我的思维敏捷程度就会受到影响。"

休息不够，难免情绪爆发，即便是邮件沟通，员工也能感受到他的歇斯底里。"他曾经在邮件里直接批评那些不想如实传达他说的话的人，'不想干就走'。"一位特斯拉中层管理者说。

追求效率至上，马斯克总是在不断挑战员工的耐受力，如果能经受住考验，就会得到信任；相反，就会淘汰出局。

幸运的是，大部分人欣赏他这种近乎疯狂的工作热情和雷厉风行的行事作风。

"和他一起工作是一种激动人心的体验，他总是打破壁垒和常规并鼓励我们做同样的事情，这让我们受到鼓舞。"

在马斯克的影响下，整个团队基本上达到和他一样疯狂的工作状态，这就是特斯拉和SpaceX获得成功的内因所在。

2017年，美国《连线》杂志对马斯克团队的工作效率做过一次对比研究，得出的结论是：马斯克团队一年干了别人8年的工作量。

造火箭，SpaceX对比蓝色起源，耗时比例1∶6；

造自动驾驶汽车，特斯拉对比福特，耗时比1∶4；

造超级高铁，马斯克对比加州政府的项目，耗时比1∶6；

挖隧道，The Boring Company对比正常地铁建设公司，耗时比1∶14；

交付平民价位的电动汽车，从立项到交付，耗时是通用汽车的2/3；

更快的汽车生产线，通常汽车组装需要3分钟，而特斯拉机器人生产线10秒就能搞定，耗时比1∶18；

……

这就是马斯克尽管"不好相处"但又不断吸引优秀人才加入的根源所在——他确实能带领大家高效率做成大事。就算那些离开特斯拉的人，在牢骚之后，依然像崇拜英雄人物或神话传说一样崇拜马斯克。

小结:"现实扭曲力场"

"现实扭曲力场"(Reality Distortion Field),这个词来自电影《星际迷航》,特指外星人通过精神力量建造了新世界。"现实扭曲力场"最早出现在早期麦金塔软件工程师安迪·赫茨菲尔德的著作《苹果往事》中,安迪拿它来形容乔布斯的强大气场。自从《乔布斯传》火了以后,"现实扭曲力场"也跟着流行起来,用来形容结合骇人的眼神、专注的神情、口若悬河的表述、过人的意志力、扭曲事实以达到目标的迫切愿望,以及所形成的视听混淆能力。

毫无疑问,马斯克身上的"现实扭曲力场",比乔布斯有过之而无不及。自特斯拉成立以来,马斯克不断挑战人们的认知极限。他卖的汽车与众不同,他造车的方式特立独行,他推广特斯拉的方式也独树一帜……这些"不一样",是他对自己和员工长期"极尽压榨"的结果。

追求完美、掌控心强、脾气不好、缺乏耐心,这些是马斯克和乔布斯的性格共同点,也似乎是他们能做到颠覆行业的原因所在。优秀的 CEO 情商都很高,与人为善,八面玲珑,温和耐心,在做人方面有很高的修炼;但真正出类拔萃的 CEO,都在做事上较劲,这就使得他们不得不表现出对人狠的一面。

马斯克和乔布斯都是对产品追求极致的人,为了做到完美,他们会不惜推迟发布时间,反复折磨员工,直到真正拿得出手的那一刻才可以上市。为了让下属和员工更容易接受加班和自我牺牲,马斯克和乔布斯一样，都不由自主地运用自己的"现实扭曲力场"，对员工展开了"洗脑"，直到公司变成宗教崇拜一样的存在。这个过程残忍粗暴，但从另外一个角度解读，又像是一种淘汰机制，适应他的人留了下来，不适应的人主动离开。最终，特斯拉吸附了一群志同道合的人。

满身缺点、不好相处的马斯克和乔布斯，都是靠自己强大的"现实扭曲力场"，做到了"无为而治"。

第八章

务实的理想主义者

——进军中国

　　商界比拼的是企业家的洞察力，富有远见，不违背时代趋势。对未来充满憧憬，却又务实，是马斯克引领特斯拉成功的一个重要因素。电动车只是汽车领域很小的分支，市场对电动车的认可远未达到普遍接受的地步。马斯克认为，对电动汽车的认可才仅仅是开头，制造价格可承受的、长途续航的电动车，是长远发展的关键，而这类车的最大市场就是中国。马斯克坦言："如果我们在其他市场取得进展，在最大的市场（中国）却没有进展，我们就并不算成功。"为此，从2013年起特斯拉就开始布局中国。

特斯拉商标被抢注

随着中国汽车市场的高速发展，中国在世界汽车领域的重要性与影响力也随之水涨船高。宾利、劳斯莱斯、迈巴赫等顶级豪华汽车品牌，逐渐将重心向东方倾斜。

马斯克说：

> 如果我们在其他市场取得进展，在中国这个最大的市场却没有进展，那我们就称不上成功。

当特斯拉准备进军中国的时候，一个大麻烦来了：商标被人抢注了。2006年9月6日，江西九江人占宝生以个人名义对"TESLA"商标进行了注册，申请号5588947。占宝生声称自己在注册的时候根本没听说过特斯拉公司，只是因为崇拜物理学家，当时注册爱迪生、安培的时候，发现已经被注册了，就注册了交流电之父特斯拉。

2009年6月28日，"TESLA"商标申请注册成功，占宝生成为合法拥有人。占宝生所持的英文"TESLA"商标属于12类，即陆、空、海用运载工具，其保护的1202、1203、1204类似群基本涵盖了从整车到零部件的各个方面。按照我国《商标法》同类取优先的原则，特斯拉公司已然不能继续在12类中申请"TESLA"商标。

在英文"TESLA"商标成功注册后，占宝生于2007年5月18日及

2009年4月2日又分别对"特斯拉"和"TESLA MOTORS"两个商标进行申请注册，申请号为6055503和7298183。

特斯拉曾专程派团队来中国，出价200万元人民币购买"TESLA"商标，但占宝生没有同意。根据马斯克接受《中国企业家》采访时的说法，占宝生要价3000万美元，远远超出了他的心理价位。

因为价格谈不拢，特斯拉团队做出了过激措施，让事件进一步恶化。占宝生在接受媒体采访的时候透露，自己和家人曾经被人跟踪、偷拍，家里的信箱被人破坏取走，他的电话甚至被监听。后来，他被民警带走，理由是：他注册的公司涉嫌虚报注册资本。暴力措施并没有使得事情解决，反而让谈判陷入僵局。

最后，特斯拉拿起了法律武器，2013年3月，特斯拉公司针对第5588947号"TESLA"商标向商标局提出连续三年停止使用撤销申请；随后于2013年4月，特斯拉公司针对该商标向商标评审委员会提出争议申请，请求撤销该商标。最终，经过调解，双方握手言和，占宝生放弃使用"TESLA"等有关标识。

除了占宝生，还有一个叫乔伟伟的人，于2006年12月30日，以个人名义申请了一个商标，其中包含"TESLA MOTORS""特斯拉"以及图片三种元素，注册号5819809。该商标中虽然包含了和占宝生申请的"TESLA"商标相似的元素，但仍于2010年1月21日被核准通过。2013年5月6日，乔伟伟将该商标转让给了特斯拉。

另外，特斯拉的域名也被人抢注了。"tesla.com.cn"和"teslamotors.com.cn"两个中国市场相关域名均被抢注，抢注者还在网页上煞有介事地注明特斯拉预订链接地址，这对完全采用网络直销模式的特斯拉来说，简直是致命一击。

而在公司注册上，特斯拉也遭遇了麻烦。特斯拉于2009年10月29日在华注册了电动车辆、全电池动力和高性能运动型汽车、汽车等类别上的"TESLA"商标。但北京一家商贸公司于2012年9月12日向商标局提交了在运载工具电池、点火用电池、高压电池、电池充电器、光学器械和仪器类别上的"TESLA"商标的申请，该商标于2014年1月13日初审公告，后经商标局核准使用。

2015年04月15日，特斯拉以"TESLA"商标注册在先、北京某商贸公司注册商标与其相同或近似、存在恶意抢注为由，向商标评审委员会提起了商标无效的请求。但最终商标评审委员会并没有让特斯拉如愿以偿，正式驳回了特斯拉商标无效宣告申请。

特斯拉对于商标评审委员会的裁决表示不服，于是案件只能迁至当地法院处理。特斯拉再次提出诉讼，最终打赢了这场官司。2015年9月，特斯拉才正式在北京、上海成立了首家特斯拉汽车售后服务中心。

野心勃勃的马斯克怎么也没有想到，进军中国的理想，竟然会因商标而受阻。

不过需要指出的是，特斯拉在美国本土也遭遇过商标抢注。特斯拉推出Model S之后，2013年福特公司就注册了Model E的商标。当马斯克表示要组成S-E-X阵容的时候，福特拒绝了特斯拉的请求。无奈之下，马斯克把Model E改为Model 3。

三易主帅，艰难开局

正所谓"起个大早，赶个晚集"，虽然 2009 年特斯拉就开始觊觎中国市场，但真正展开登陆行动却是在 2013 年。商标是一方面原因，团队是另一个原因。要想拿下中国市场，必须要找到既懂中国市场、又对欧美汽车企业运作非常熟悉的专业人士才行。

2013 年 3 月，马斯克亲自上马组建中国团队。他第一个聘请到的是宾利中国区总经理郑顺景（Kingston Chang）。其 1992 年毕业于香港中文大学工商管理系之后，即进入汽车行业工作，曾在英之杰、太古、捷成等多个著名的汽车集团就任管理职位。2003 年，郑顺景加入香港大昌行集团，负责宾利中国大陆地区业务发展。在他执掌宾利中国 10 年间，宾利在中国的销量连年翻番，2012 年首次超过美国成为全球第一大市场，2012 年全年在华销售 2253 辆，远超过竞争对手劳斯莱斯等品牌。

郑顺景在面试的时候明确提出了两大请求：第一，希望在某些问题上能够结合中国国情特别处理；二是自己对中国市场有自己的经验和判断，当自己的判断和高层出现冲突时，有权说"不"。马斯克很爽快地答应了他的授权请求。

在郑顺景加入之前，特斯拉总部已经成立了一个"中国委员会"，由几个副总裁级别的高层组成，会定期开会，商讨策略，讨论的范围包括财务、法务和业务三部分。有时候马斯克会加入进来，郑顺景加盟后主要与这个"中国委员会"沟通工作。

郑顺景2013年3月加入特斯拉中国，任职特斯拉中国总经理。进入中国第一年，通过各种论坛及活动的高频曝光率，特斯拉的品牌已从一个完全陌生的品牌变得家喻户晓，形象得到了不小的提升，郑顺景可谓功不可没。

一年后，郑顺景却因为"个人原因"突然离职。宾利被曝出因代理权问题而出现销量大幅下滑之后，郑顺景在微博上转发该内容，并对宾利管理的混乱"爆粗口"，经网络发酵后影响甚大。根据外企的规章制度，对其他企业进行评论是大忌，有人认为郑景顺的离职与此有关。但更多业内人认为，过去一年，特斯拉在中国市场进展缓慢，与政府关系没协调好，不能享受国内的新能源补贴政策，另外连商标都搞不定，这些才是郑顺景离职的根源。

2013年12月，来自苹果公司的吴碧瑄成为主管特斯拉中国区的全球副总裁，并取代了郑顺景中国区最高负责人的位置。

吴碧瑄出生于北京的一个传统书香之家，14岁时到美国求学。高中毕业后，她先是在耶鲁大学上了本科，接着又在伯克利大学读完了博士。1997年7月，吴碧瑄进入麦肯锡，用5年的时间做到麦肯锡联合合伙人。2002年，吴碧瑄选择离开麦肯锡，加入摩托罗拉。4年后，又跳槽到苹果公司，负责整个大中华区的非零售业务。她用7年时间，从总监做到总经理，最后成为董事总经理。当感到工作不再具有大的挑战时，她又转身离开了。特斯拉在中国的公司，正处于发展的早期，极具成长空间，这很对吴碧瑄的胃口。

而吴碧瑄正是马斯克要找的人。苹果式的营销和政府公关，是马斯克最看重的。吴碧瑄加盟后，为了帮助特斯拉更好地打开中国市场，她不遗余力地寻求政府的认可与支持。很快，她就从上海市政府获批了特斯拉第一个电动车车牌。

在吴碧瑄的带领下，特斯拉在华业务得到快速发展。2014年1-9月，特斯拉Model S在中国市场共交付3500辆，中国已成为特斯拉在全球订单的第一来源。公开资料显示，特斯拉已经在北京、上海、杭州、深圳、成都、西安等6个城市建成了9个体验店和服务中心，在中国19个城市建成了近40座超级充电站，并在全国60多个城市建成超过600个目的地充电桩。

她还对特斯拉之前的保守销售策略进行了一些新的大胆尝试，比如和天猫的双11活动合作。但这却遭到了马斯克的反对，马斯克坚持全球采取统一的直销模式。

一年后，也就是2014年12月，吴碧瑄从特斯拉离职了。吴碧瑄离开后，朱晓彤（Tom Zhu）接替了她的职位。当时特斯拉内部邮件对朱晓彤做了这样的介绍："朱晓彤先生为特斯拉中国超级充电站的迅速发展发挥了重要作用，他将运用其在充电设施建设领域积累的丰富经验，进一步扩展和加深特斯拉在中国的发展，为顾客带来最棒的体验。"

朱晓彤毕业于新西兰奥克兰理工大学，继而在美国杜克大学富卡商学院获得MBA学位。入学杜克大学当年，他已经在楷博国际（Kaibo Engineering Group）担任管理职务，先后担任过企业战略总监、项目副总经理、项目总经理和副总裁，在利比亚和苏丹工作过近2年时间。在加入特斯拉之前，朱晓彤曾创办多家企业，拥有丰富的管理经验和跨国跨文化工作经历。

理科生出身的朱晓彤做事很有效率，为人低调谦和，在他的带领下，特斯拉终于在中国打开了局面。朱晓彤上任后，开始了大规模的门店扩张，连三四线城市都不放过。为了满足门店扩张的需求，特斯拉招聘汽车销售工程师的速度加快，创造了当天招聘，次日入职，第三天参加集中培训的记录。尽管新人质量参差不齐，很多人以前从事保险销售、信用卡销售以及课程销售等工作，但是在朱晓彤雷厉风行的个人管理下，特斯拉的销量每年都在上升。

相应地，朱晓彤在特斯拉也一路晋升。2018年7月，朱晓彤晋升为特斯拉亚太地区副总裁；2019年8月，朱晓彤升职为特斯拉全球副总裁和大中华区总裁，直接向马斯克汇报工作。

朱晓彤在接受外界采访时如是说："马斯克是个直率甚至有童真的人，他坚毅、要求高，像特斯拉这么难的事，如果是很柔软的人，我也不愿跟他干。"

一个公正的价格

马斯克曾多次表示对中国市场的兴趣，认为中国将会是特斯拉的第二大市场，并预测中国市场将最终会与美国旗鼓相当，甚至超过其在美国的销量。

为了彰显对中国市场的最大诚意，特斯拉在中国的定价，慎重又慎重。

2014年1月24日，特斯拉公布其旗舰车型Model S的中国市场零售价为73.4万元人民币，远低于豪华车在华的基本售价——200万元。要知道，在喜欢特斯拉的人眼中，特斯拉的档次和法拉利一样。

73.4万，是马斯克亲自定的价。为此，他还专门发布了一篇解释文章：《一个公正的价格》。73.4万定价详细构成为：81070美元是在美国的价格，运输与装卸是3600美元，关税和其他税计19000美元，增值税17700美元，汇率按6.05美元计算。在成本结构中，除了关税、增值税和其他税之外，按照6.05元/美元的汇率结算。

在《一个公正的价格》中，马斯克直言：

> 做出这样的定价策略对特斯拉而言需要相当的勇气。我们希望公平地对待中国消费者。如果按照汽车行业在中国的惯例，我们完全可以把Model S在中国的价格定为美国的两倍以上。但我们决定不遵循惯例。

也许某些人看到这个定价后会错误地认为：这说明 Model S 的价值不及竞争车型。事实并非如此，Model S 荣获《汽车趋势》杂志"年度车型奖"，《消费者报告》杂志评出汽车历史上的最高分——99 分（满分 100 分），美国高速公路安全管理局（NHTSA）给出有史以来的最佳评级。

Model S 在中国定价之所以比竞争对手低很多，原因纯粹是我们希望像对待其他国家和地区的客户一样对待中国客户。也就是说，这款车型在中国的价格与在美国一致，多的只是不可避免的关税、运输费用和其他税费。我们甚至没有考虑汇率波动和特斯拉将在全中国建设 Supercharger 充电网络（供免费使用）的费用。

我们做了一个果敢的决定，把中国的价格定在人民币 734000 元。我们深知这不合常规。我们更清楚原本定价可以更高。我们也预见到竞争对手将会试图诱导中国消费者，让他们认为我们较低的定价表明 Model S 逊色于他们的产品，而他们定价较高的真实原因是——他们在中国销售的每一辆车，利润是在美国或欧洲的两倍。

但我们决定无论如何都要放手一试。

我们看重的是公平；我们看重的是透明；我们看重的是推动中国的电动汽车事业；我们看重的是以正确的方式对待每一个客户——无论他/她身在何地。

时任中国区负责人的吴碧瑄爆料："马斯克说，我们在中国不多挣一分钱。财务做的税收、成本等报表，他一个一个数字算，基本不允许任何风险缓冲，一点一点把财务加进去的东西挑出来。他非常坚持要给中国消费者一个公平开放的价格。"

马斯克所言非虚。当时，中国进口汽车平均售价为国外的两三倍，比如路虎揽胜 2013 款 SUV 在美国售价 8.8 万美元，折合人民币约 54 万元，而在中国 4S 店售价为 140 万元。

马斯克不愿意和这些"能多赚就多赚"的传统汽车混为一谈。在他看来，特斯拉是互联网汽车，甚至可以说是一款新型电脑。和所有的互联网产品一样，特斯拉也异常重视粉丝的参与感。

为此，特斯拉坚持全球直销，同时，减少保养。传统汽车保养是一笔很大费用，特斯拉汽车做到了95%以上的车主可以在当天从维修站取回汽车。很多时候，即使出了问题，车主都不需要把车开来维修站，因为特斯拉的车是联网的，维修人员可以通过摄像头进行远程维修。

信任比黄金更重要。比起传统进口汽车定高价赚眼前利益的做法，特斯拉的眼光相对更长远，所以它特意公开自己的价格组成。比起国别定价策略，统一定价更符合互联网精神，更容易获得粉丝的信任与好感。

在接受新浪财经采访时，马斯克表示："我们想对中国客户做正确的事情，我希望与中国人建立长期互相信任的关系，让中国客户信任我，这是非常重要的事情。我把自己放在中国客户的角度去考虑他们对特斯拉的感受，我希望和他们建立长期互相信任的关系。对于市场份额这件事，我根本不关心，我只关心造出全世界最好的车，然后让用户来决定特斯拉的市场份额。"

马斯克高调访华

在马斯克看来,中国市场绝对不容错过,除了中国市场潜力大之外,还有一个重要的原因:中国有一大批特斯拉的拥趸。

小米创始人雷军说过:"如果你没有开过特斯拉,你不会知道它有多酷。"2012年10月,雷军和金山网络CEO傅盛一同去硅谷考察,在特斯拉进行了试驾以后,立即成了特斯拉的粉丝。2013年,雷军预订了两辆特斯拉,一辆送给自己,一辆送给他的好朋友、UC创始人俞永福。而傅盛则针对特斯拉做了一次关于"为什么特斯拉诞生在硅谷而不是底特律"的主题演讲。

易到用车CEO周航也是最早买特斯拉的人之一,他这样形容自己第一次驾驶特斯拉的感觉:"这辆特斯拉是我送自己的40岁生日礼物。当时,我完全被这种全新的驾驶体验迷住了。车里空空如也,挂挡就走,没有发动机轰鸣,没有物理按键……简直太神奇了。"

中国宽带资本基金董事长田溯宁试驾之后也成为特斯拉的粉丝:"特斯拉是一家以软件定义的汽车公司,它把软件、云计算和数据很好地结合在了一起。"

搜狗CEO王小川听到特斯拉来到中国之后,激动地在微博上写道:"对特斯拉电动汽车很是动心,听说北京也有望开4S店,为此申请了车牌摇号,候着机会买一辆。等特斯拉汽车到手了,我一定会号召搜狗、搜狐员工所在的大厦都装上充电桩。"

2014年4月21日，马斯克高调访华，首要目的就是向中国的"拉粉"们示好。万事开头难，对于互联网公司而言，第一批种子用户意义非凡。只有服务好第一批用户，才能吸引更多的用户。为了显得有诚意，马斯克决定亲手把钥匙递到第一批中国用户手中。

2014年4月22日，云游控股董事会主席兼CEO汪东风、UC优视董事长兼CEO俞永福、时代集团执行副总裁潘燕明、合一资本董事长许亮、著名央视电视制作人张涵、汽车之家总裁李想、三一投资总经理董晓栗、力帆足球俱乐部董事长尹喜地等8名企业领袖，在北京从马斯克手中接过属于自己的Model S车钥匙。

4月23日，另一批7名企业领袖在上海从马斯克手中接过了属于自己的Model S车钥匙。

这是马斯克人生第一次来到中国，此次访华行程"十分紧张"，21日下午到了就出席"极客公园创新者峰会"，22日下午在北京完成特斯拉首批车主交车仪式之后，即刻赶往上海，参加第二场交车仪式。

在极客公园创新者峰会上，杨元庆和马斯克展开了一次近距离的交流。两人都是该年度爱迪生奖的获得者。爱迪生奖设立于1987年，每年表彰最佳革新与创新者。

杨元庆表示，自己很敬佩马斯克，称赞他在一个传统的行业里玩出了新花样。而马斯克也盛赞杨元庆带领联想在电脑行业取得了令人印象深刻的成功，并制造出了非常好的电脑产品。

在谈到创新时，马斯克认为，创新是那些让人类生活更美好的东西，可以是更好的产品，也可以是让同样的产品变得价格更低。总之，创新就是那些让人的生活变得更美好的东西。

在谈到互联网营销时，马斯克直接对"营销"摇头："我觉得营销是很奇怪的概念，我不喜欢。我觉得营销好像就是要骗人买东西一样。"

有媒体指出，特斯拉一开始在美国销售时的策略是先锁定娱乐圈明星以及科技界与商界成功人士,向他们发出买车的邀请函,在受到媒体瞩目后成功制造话题,之后再扩大到一般民众。

马斯克对此表示了否定:

> 在美国有许多明星与商界科技界的人都选择特斯拉,但我想强调的是特斯拉从不给任何人折扣,也不会付钱给任何人代言。我不喜欢付钱给名人代言,因为这不是真的。如果你找人代言某项产品,这是在玩把戏。他们不一定真的喜欢这个产品,只是你付钱给他们让他们说喜欢而已。所以我从不相信付钱代言,也不会给任何人折扣,即使这个人是个名人也一样。老实说,在特斯拉,连我自己都付全款买车,因为这样对每一个人才公平。我们其实没有特地锁定明星或是科技界人士,只是他们选择了特斯拉,这是他们真心想要开的车。

当然,马斯克此行除了交流和示好之外,还带着重要使命,就是推进Supercharger(超级充电站)网络、客户服务中心及电动车专卖店的建设。面对众多媒体,马斯克如是说:

> 特斯拉的策略非常直接,我们想要在全中国范围内建立服务架构和充电基础设施。所以我们会在充电和服务上做出一笔大投资。然后有可能在未来三四年内,我们预期在中国进行本土生产。因为从长期来看,从加州将车进口到中国是不合理的,本土化生产更合理些。而且我想我们也会在中国建一个工程和研发中心。

马斯克高调访华,被称作中国新能源车市场"破冰"的标志性事件。2014年中国的纯电动车销量至少翻番,各地都在刺激电动车消费。按照北京市相关规定,2014年私人购买纯电动车,最高可获得国家和北京市分别补贴5.7万元,补贴总额为11.4万元。按照上海市2012年相关规定,私人购买纯电动车和插电式混合动力汽车可在国家补贴之外,分别获得4万元和3万元的地方补贴。更为重要的是,在北京和上海购买相关鼓励目录规定的新能源车,可免除汽车牌照摇号难之忧。

上海超级工厂成立

马斯克首次中国行之后,特斯拉超级充电站在华遍地开花,特斯拉专卖店也陆续开设,唯独在华建厂事宜迟迟没有落实。

2018年7月,马斯克再次来华,他被拍到在街头吃煎饼果子,非常接地气。但实际上,这一次马斯克并不是来打造平民形象的。

在第一站上海的时候,马斯克不仅与上海临港管委会、临港集团共同签署了纯电动汽车项目投资协议,为特斯拉(上海)有限公司和特斯拉(上海)电动汽车研发创新中心揭牌,还与时任上海市市委书记李强、上海市市长应勇等官员会面,为特斯拉在中国建厂大计做足了准备。

到了北京之后,马斯克又与北京市市长陈吉宁会面,双方畅谈了特斯拉北京科创中心建设及智能网联汽车、电池储能领域合作等事项。陈吉宁肯定了特斯拉在京设立中国区总部和美国之外的第一个研发中心的举措。作为积极回应,马斯克表示将会扩大北京研发中心的规模。

2018年10月17日,特斯拉宣布,以10亿元拿下上海临港一块86.5万平方米的工业用地,2019年1月7日,工厂破土动工。当天,马斯克与出席了开工仪式。第二天,他又被拍到在北京簋街吃奇门涮肉。

特斯拉上海超级工厂开工后,中国区总裁朱晓彤增加了一个新的身份——"包工头"。凭借之前在利比亚和苏丹做"包工头"的经验,特斯拉上海工厂进度堪称神速。2019年7月,央视播出庆祝新中国成立70周年特别节目《共和国发展成就巡礼》,节目里称,特斯拉上海工厂3天就完成了立项、规划和选址工作；5个月完成工厂审批，6个月完成项目签约到开工建设。

一直以来，产能不足就像一片乌云一样始终笼罩在特斯拉的头上，上海超级工厂建成标志着50万辆的年产能被彻底释放，整个电动车市场的游戏规则跟着被改写。如果年产销达50万辆，意味着Model 3足以被称为畅销车型，是目前任何新能源车都无法达到的。难怪，上海超级工厂建成投产的时候，马斯克在现场激动地跳了一段即兴热舞。

据报道，特斯拉与上海市政府签订了协议，协议规定，2023年底开始特斯拉每年的纳税额必须达到22.3亿元。另外，特斯拉未来5年在上海工厂的投资要达到140.8亿元。要完成这一目标，特斯拉势必得加紧生产，加大销售，如是一来，将带动国内上下游产业的发展。同时，也将刺激国产电动汽车的快速发展。

来自中国的竞争对手

"加州温室里的花朵,到中国来未必能适应激烈充分的市场环境。我欢迎特斯拉到中国建厂,这证明了中国市场的重要性,也给消费者更多选择。但最终胜利一定属于中国汽车品牌。也许是蔚来,也许是其他企业。"面对特斯拉在中国市场的攻城略地,蔚来汽车董事长李斌曾经如是说。

特斯拉的到来,给中国汽车品牌打开了一扇窗。特斯拉带火了电动车行业之后,一些中国自主品牌纷纷搭起了便车,企图在这片蓝海有一番作为。

万向集团是最早的行动者。2014年,万向集团通过收购特斯拉在美国本土的竞争对手菲斯科,搭建起较为完整的电动车生产链条。菲斯科的创始人、前CEO亨里克·菲斯科原本选择了李泽楷,准备把全部资产卖给"小超人"在2013年底组建的混合动力控股公司,结果万向集团加入了竞拍,承诺复产菲斯科的明星产品卡玛(卡玛曾被捧为"世上第一款高端电动车"),并不断加码,最终"抢走"了菲斯科。2013年10月,工信部将万向电动汽车有限公司列入新增车辆生产企业的名单,万向获得生产汽车的资质。

万向集团董事长鲁冠球曾介绍说,万向从1999年开始就认定搞纯电动,尽管社会上对电动车的未来争议声很大,但万向的目标没有变过。鲁冠球坦言:"万向搞电动汽车多年,天天在'烧钱',到现在还没有赚过钱,但已经聚集了一大批人才,形成了从电池、电机、电控到电动汽车的产业体系。"

在收购菲斯科之前,万向集团还参与过对美国 AI 公司的投资,获得该公司 30% 的股权,成为其第一大股东;与美国电池制造商 Ener1 合资建立了生产基地;投资参股美国史密斯电动车公司,并在杭州成立了合资公司;收购深陷经营困境的全球知名电池公司 A123 Systems。有了这些铺垫,万向在美国的新能源汽车产业界已经显山露水。有机构把万向列为北美 20 大汽车厂商之一。从中国业界的角度来说,万向成了唯一同时具备电池、电机、电控等电动汽车关键零部件生产能力的企业。

比起万向集团的低调,比亚迪公司显得很高调。其创始人王传福曾经骄傲地说:"比亚迪的电池及电机等技术已达到国际先进水平,在电动车技术上胜过特斯拉。特斯拉要向日本松下采购电池,但比亚迪拥有自主研发并获全球专利的电池技术。"

2014 年 6 月,比亚迪与奔驰联手开发出"腾势"(DENZA)电动车,售价 30 万元,成为特斯拉最直接的竞争对手。

另外,华晨汽车和宝马联合推出的之诺 1E 纯电动车,也对特斯拉产生了竞争威胁。2013 年 11 月,之诺首款车型"之诺 1E"正式亮相,成为中国首款纯电动多功能运动汽车。之诺 1E 是首个以租赁模式推出的高档合资自主纯电动车,月租金 8000-10000 元,租期可长可短,最短可以日租。在当前人们对纯电动车依旧充满疑虑的情况下,之诺 1E 的租赁模式可以说是摸准了市场脉搏的创新之举。

除了传统企业品牌的快速跟进之外,还涌现了一批自称"造车新势力"的互联网汽车公司。其中蔚来、理想、小鹏是典型的代表。

2014 年 11 月,蔚来由李斌、刘强东、李想、腾讯、高瓴资本、顺为资本等知名互联网企业与企业家联合发起创立,并获得淡马锡、百度资本、红杉、厚朴、联想集团、华平、TPG、GIC、IDG、愉悦资本等数十家知名机构投资。随着特斯拉在上海成立超级工厂,蔚来曾高调宣布将在上海嘉定自建工厂,与特斯拉同台对垒。

理想汽车是一家由李想在 2015 年 7 月创立的新能源汽车公司。公司稍早前命名为"车和家"，2018 年 10 月 10 日，车和家发布智能电动车品牌"理想智造"，并宣布于 2018 年 10 月 18 日正式发布首款没有里程焦虑的智能电动车——理想智造 ONE。2019 年 3 月，理想智造更名为"理想"。2019 年 4 月 10 日，理想汽车旗下首款车型理想 ONE 上市，补贴后售价为 32.80 万元。

小鹏汽车成立于 2014 年，总部位于广州，由何小鹏、夏珩、何涛等人发起。该团队主要成员来自广汽、福特、宝马、特斯拉、德尔福、法雷奥等知名整车与大型零部件公司，以及阿里巴巴、腾讯、小米、三星、华为等知名互联网科技企业。2016 年 9 月 13 日，小鹏汽车正式发布了首款车型——小鹏汽车 BETA 版，其定位为一款纯电动 SUV。2017 年 10 月 12 日，小鹏汽车首款量产车型正式下线，在互联网造车行业中率先实现量产。2017 年 12 月 15 日，阿里巴巴正式投资小鹏汽车。

"造车新势力"来势凶猛，但是在交付量这个指标上，蔚来、理想、小鹏三家加起来都敌不过一个特斯拉，而且"卖一辆赔一辆"。

关于中国财大气粗的本土竞争者为什么竞争不过特斯拉这个外来者，美国投资银行派杰（Piper Jaffray）曾经一针见血地揭示，特斯拉的电动汽车质量远胜于中国同行，因此会在中国市场迎来蓬勃发展。

整体上看，电动车前景非常广阔，目前全球渗透率仅是 2%，中国工信部的产业规划是 2025 年争取国内到 25%，全球预计 2025 年渗透率达到 15%~20%。美国新法案也加强了对新能源车的补贴力度。在这个万亿级别的赛道上，特斯拉领先地位一时无人能够超越，只要特斯拉不犯错，就会持续扩大自己的份额。

"特斯拉 VS 拼多多"

2020年7月26日,宜买车汽车旗舰店在拼多多上发起"万人团购特斯拉"活动,特斯拉Model 3市场指导价是29.18万元,而拼多多团购价只要25.18万元。

团购活动结束后,特斯拉拒绝向拼多多团购车主交付新车,理由是:拼多多推出的特斯拉团购活动并未得到特斯拉官方授权,不予认可。在特斯拉官方向用户交付新车的过程中,公司发现购车订单并非本人操作,而购车人已将购车款打给拼多多,所以特斯拉认定该笔交易为"订单转卖",所以拒绝交付新车,并已于8月14日晚间关闭了拼多多团购车主的汽车订单。

随后,拼多多针对特斯拉同样正面回应,明确表示此次团购活动中的特斯拉汽车均为正品,并且购买渠道正规且提供所有购车的相关手续,此次活动中所给出的超低价与新车官方售价的差额均由拼多多方进行补贴,不存在其他问题。

特斯拉和拼多多各执一词,提车车主准备发起诉讼,以"不履行车辆买卖合同"为由起诉特斯拉。拼多多方表示支持消费者依法维权,会陪消费者一起维权到底。

舆论开始出现对特斯拉不利的声音。有专家指出,特斯拉拒绝交付的行为是不合理的,作为合同主体,买方可以自己付款,也可以委托第三方付款,法律没有禁止代理付款行为。另外,不管特斯拉与拼多多孰是孰非，都不能影响其消费者的正常权益，理应先及时向消费者发货。于是，因为假货风评不好的拼多多一下子成为"薅资本主义羊毛的正义之师"。

但也有人力挺特斯拉：在特斯拉不知情的情况下，拼多多代替消费者在特斯拉官网上下订单，并让消费者最终以低于市场价格的形式获得特斯拉产品，这一行动意味着特斯拉自身的定价受到了第三方企业（拼多多）的冲击。特斯拉方在签订合同前不了解购车人是通过拼多多（第三方法人）补贴进行购车的，则在合同签订后有权拒绝交付产品。

8月18日晚，拼多多发布声明称，特斯拉"拒交门"事件有了新进展。在宜买车与拼多多的协助下，此前被特斯拉拒绝交付并取消订单的团购车主已成功提车，并已为车辆上险。然而就在拼多多宣布"胜利"后不久，特斯拉方面出来澄清这是"赤裸裸的假新闻"。新闻中车主"补枪"：在特斯拉取消订单后，他以个人名义重新下订时，发现已被特斯拉"拉黑"，只能通过"家人"名义重新下单。对此，特斯拉也坚决予以否认：特斯拉从未将任何车主拉黑，也从未有过黑名单，公司自始至终都在与车主积极沟通，并提供多种解决方案，但都被车主在现场的"家人"否决。

最后特斯拉在声明中表示："我们对这种通过自导自演制造新闻，恶意误导舆论的做法表示强烈愤慨，并奉劝相关方遵守基本的商业道德底线，停止为了自身利益玩弄公众舆论和消费大众情绪。"

特斯拉最后的妥协是，如果消费者愿意通过特斯拉正规渠道重新下单，特斯拉将对消费者因此产生的精神与经济损失提供补偿。很显然，这是对用户的妥协，对拼多多和宜买车则毫无让步的意思。

特斯拉旨在用强硬的态度来捍卫自己全球直营的市场策略。在马斯克看来，特斯拉最大的价值就是自己的直营体系，消费者去任何一家门店体验购车后，以绝对统一的价格和流程完成购车。万人团购事件无疑是在变相打乱特斯拉好不容易建立起来的经销渠道和价格体系。这是马斯克坚决不允许发生的。

本来，这是一次普通的企业公关事件，如果公司团队应对及时，舆论很快就会被化解。但离经叛道的特斯拉并不重视公关，才被拼多多抢走了舆论主导权。

马斯克本人很不喜欢花钱请媒体做宣传，他对媒体一直抱有不满与鄙视。2019年，特斯拉已经解散了自己的公关团队。特斯拉美国公关团队的所有成员陆续内部调岗或者离职。最高级别员工艾伦·库珀调岗到需求生产总监岗位，随后离开特斯拉。高级公关经理吉娜·安东尼尼调整为特斯拉对外关系与员工体验总监。

与之相应的，特斯拉中国区也很不重视公关。2019年12月，朱晓彤决定将位于北京的办公室迁移至上海，仅在北京保留一部分职能人员，这部分职能人员包括诸如公关、政府关系、法务等。其中法务部曾经是朱晓彤最不喜欢的业务部门之一，而公关堪称特斯拉中国存在感最微弱的一个部门。

不重视公关，是特斯拉内部人尽皆知的"规则"。对此，马斯克表示：

> 我们不想在营销和公关上花费时间精力，特斯拉更注重生产优质产品和创新。

与其在舆论战上决胜负，务实的特斯拉人更愿意在产品和创新上争高低。这似乎是科技巨头的"高冷禀赋"，当初苹果公司在"3·15晚会"被曝光后，根本不以为意，最后被炮轰，才不痛不痒地道了歉。作为苹果公司的追随者，特斯拉保持了苹果的这一"风骨"，不被逼到角落，坚决不回应。

在马斯克"特斯拉—用户"的简单粗暴逻辑里，容不得其他人，在他看来，特斯拉唯一需要重视和服务的上帝是客户，其他都是"搅局者"，没必要花太多精力去应对。

让对手颤抖的降价狂魔

2021年1月1日,特斯拉扔下一个重磅炸弹,掀起电动汽车"价格屠杀":继Model 3之后,国产Model Y两个版本狂降:Model Y长续航版起售价为33.99万元人民币,此前为48.8万元人民币,下调14.81万元;特斯拉Model Y Performance高性能版起售价为36.99万元人民币,此前为53.5万元人民币,下调16.51万元。

部分老用户跑到特斯专营店拉横幅反对,造车界同行更是谴责特斯拉不讲"武德"。他们怒火中烧却对特斯拉无可奈何:"你永远抄不到特斯拉的底,因为它的价格没有底。"

这不是特斯拉第一次"发疯"降价。有人说这是"对赌协议"在背后起作用,但在和上海签署"对赌协议"之前,马斯克就喜欢"率性"降价了。

2019年3月1日,特斯拉宣布了全球大规模的降价举措。而在中国的降价力度更是达到空前,Model 3降价区间为2.6万元-4.4万元,Model S降价区间为1.13万元-27.75万元。其中降价幅度最大的是Model S P100D车型和Model X P100D车型,降价幅度分别高达27.75万元和34.11万元。一夜之间,价格天壤之别。这是国内品牌乃至全球各品牌都没有见识过的价格战。

价格远高于原产国,一直是进口车辆的普遍问题。作为美国中产者中大受欢迎的电动汽车,特斯拉到了中国却因高昂的价格,一度成为"富人"的玩具,影响了市场的普及率。在美国,扣除新能源车辆政策的补贴费用之后,特斯拉最便宜的 Model S 车售价是 6.4 万美元。在中国,同样的车型售价 10.4 万美元,约合 64.8 万人民币。特斯拉在欧洲国家售价比美国高出 43% 左右的幅度,在中国的售价是最高的。特斯拉在美国发布的入门级车型 model 3,在中国的售价也达到 40 万。这样的价位让中国的中产者望而却步,马斯克对此很不甘心。

2018 年之前,特斯拉在中国还未设厂,所有车辆都依靠进口,价格居高不下。上海超级工厂成立之后,在马斯克看来,降价以让中产者买得起,成为自然而然的事情。

2019 年大降价时,马斯克说了这样一段话:

> 我只是设身处地为特斯拉的用户着想。作为一个用户,我不想被坑,如果我是一个高级车的用户,我会对想要占我便宜的高级车厂感到非常愤怒。对一个公司来说,做出正确的事才能长久经营。你对用户好,用户才会对你好。这是我的信念,我希望这也是事实。

Model Y 是特斯拉继 Model 3 之后在上海超级工厂投产的第二款车型,与 Model 3 基于同平台研发,二者通用 75% 的零部件。关于 Model Y 的定位,马斯克早就明确指出:

"Model Y 是特斯拉打造的一款消费者负担得起的电动 SUV,就像 Model 3 是面向大众的轿车,这两个领域都是特斯拉看中的汽车消费市场。"

让发明得到最大范围的商业运用,让更多的人享受到科技研发的成果,让越来越多的人买得起特斯拉,这就是马斯克降价的初衷。尽管降价是特斯拉自己的事情,早在马斯克的计划之内,但它引起了电动车同行的集体不满。他们之所以反对特斯拉降价,是因为特斯拉触动了他们的利益,特斯拉降价就意味着他们跟着自降身价。

更多人对特斯拉降价持赞赏态度。毕竟,在国产电动车领域,有了特斯拉这条"鲶鱼",新能源汽车价格就不会贵到离谱。特斯拉大降价,让那些炒作新能源汽车概念的人过早地变成"裸泳者",所以他们跳出来反对。

面对特斯拉的大降价,竞争对手当然不愿意立即跟着降价,他们开始"抛弃"特斯拉这个对标对象,改称对标的是BBA和苹果,目的就是为自己的高价位找新借口。

新能源汽车让不少人嗅到了钱的味道,开始玩起"骗补圈地"的招数,甚至冲到资本市场上玩起"大刀割韭菜"的资本游戏,他们张口"弯道超车",闭口"颠覆世界",就是不在技术上创专利。特斯拉此举,与其他商家拉开了距离。

遭遇同行声讨和联合抵制,这种情况,马斯克已经见怪不怪。当时特斯拉在美国开展厅的时候,美国的汽车委员会决定,禁止特斯拉汽车直销。新泽西州、俄亥俄州、马里兰州、亚利桑那州、得克萨斯州和弗吉尼亚州的传统汽车经销商都感到恐惧,特斯拉公司所拥有的展厅对他们的生计构成了威胁。他们声称根据美国汽车特许经营法,由制造商直接销售汽车是被禁止的。

最终,特斯拉在美国建立了上千家专卖店。如今,中国的同行们也遭遇了这一劲敌。

小结：谋全局 & 谋大势者

有人说，是中国拯救了特斯拉，甚至救了马斯克。2020年，特斯拉面向全球出售了将近50万辆电动车，中国贡献了25%的销量，上海工厂生产了一半电动车。从濒临破产到世界首富，"中国凭一己之力将马斯克从悬崖边拉了回来"。

其实，特斯拉在中国的成功，最重要的原因得归功于马斯克的长远眼光。马斯克一直把中国市场视为重中之重。一方面，特斯拉在华建厂，可以建立完整的新能源汽车供应链体系，从而解决一直困扰特斯拉很久的产能不足问题；另一方面，中国是全球最大的汽车消费市场，特斯拉要想做大，必须到更大的市场去发展。进军中国是马斯克深思熟虑的结果，与中国上海的合作，也是前期深耕细作、水到渠成的结果。

与政府建立良好关系，是马斯克的一贯作风，同时为了推进事业的前进，他习惯"放低姿态"与政府沟通。为了争取政府出台有利于自己公司的政策，2002年成立以来，SpaceX不断给美国的民主党和共和党捐款。

特斯拉能够在美国发展起来，也离不开奥巴马政府的支持。客观来说，从电动车、太阳能到太空探索，马斯克看准的行业，都离不开美国政府真金白银的补贴支持。特斯拉在中国的快速发展，也显示了他在寻求政府支持方面的经验。

古人云，"不谋全局者，不足以谋一域；不谋大势者，不足以谋一时"。

不从全局的角度考虑问题，即使在一方地区获得成就，也是微不足道的；不从大势出发考虑问题，只能一时成功，不能持久成功。

要想搭上政策的顺风车，需要有全局意识和预判能力。马斯克屡屡拿到美国政府的补贴，离不开他谋大势的能力和对行业的精准判断；特斯拉能得到中国政府层面的支持，则归功于马斯克高瞻远瞩的全局观和未雨绸缪的布局意识。

第九章

善于打"组合拳"的高手

——拯救太阳城

对于电动汽车而言,免费充电网络是竞争关键,特斯拉捷足先登。为了扫除扩张障碍,马斯克不仅自建工厂生产电池,还早早自建充电站。他在全美国范围内设置能够高速充电的"超级充电站"。最重要的是,充电站中的电源并不依靠当地的电力公司供给,而是依靠太阳能自己充电。太阳能产业前景广阔,但是叫好不叫卖,很多人不看好太阳城,认为它是马斯克的创业败笔,是特斯拉的拖后腿者。其实,马斯克对太阳能业务始终不放弃,有现实不得已的原因,更重要的是,它是马斯克事业版图不可分割的部分。

太阳城最大股东

早在大学时代,马斯克就开始思考"什么最能影响人类的未来",新能源是他的答案之一。在他看来,煤炭和石油资源将会在未来的某个时间点枯竭,如果不尽早开发新能源,人类早晚会走向毁灭。

马斯克坚信太阳能是拯救人类生存危机的一根稻草。他认为:"虽然大部分人还没意识到世界是依靠太阳的能量运转的,但是事实就是如此。如果没有太阳,地球将会变成绝对温度为3度(零下270摄氏度)的冰冻世界,因为地球上的水是靠太阳能循环的。整个生态系统都是依靠太阳能运转的。"

为此,马斯克做过不少相关研究,认定太阳能领域前景广阔。前面我们也提到,他曾经写过一份关于"论太阳能的重要性"的论文。该论文探讨了大型太阳能发电站建设的可能性,以及太阳能电池的工作原理和各个部分的有效利用。最后为了描绘发电站的未来,马斯克画了一对巨大的漂浮在太空的太阳能电池板——每个有4000米长,通过微波源源不断地向地球发射能量,而用来接收能量的天线直径有7000米。

很多人都是当年为了写论文而研究,毕业后就不再关注了。马斯克显然不是这样的人,他对自己投入过精力的事情常常铭记在心,一旦有机会,就会去实践它。

2004年,他和表亲莱登·赖夫(Lyndon Rive)租了一辆房车,一起去沙漠欢度反传统狂欢节——火人节(Burning Man Festival)。莱登·赖夫和马斯克的关系有多亲密呢？他们的母亲是双胞胎姐妹，莱登·赖夫是梅耶·马斯克双胞胎姐姐的孩子，从小他们就一起探险。

火人节每年8月底至9月初在美国内华达州黑石沙漠举行，每年这个时间，来自世界各地的年轻人涌入这里，一起狂欢。由于火人节反消费主义，这里只卖冰和咖啡，所以除了看燃烧木制男人雕像，其余大部分时间都用来交流。

在参加火人节的时候，莱登·赖夫表示想做"不仅能够赚钱，还能让每一天都感觉很棒"的项目，马斯克建议他试试太阳能领域。马斯克把自己对太阳能的研究和预测统统讲给了莱登·赖夫，这位表兄弟显然被他说服了，事后还拉了另外一个兄弟彼得·赖夫（Peter Rive）一起研究太阳能。

虽然莱登·赖夫是南非水下曲棍球队员出身，但是他的商业头脑很发达，为人也很谨慎。莱登移民到美国之后，和软件工程师哥哥彼得·赖夫一起创建过远程服务管理软件公司——Everdream公司。后来，在Everdream公司发展顺利的时候，兄弟俩及时卖给了戴尔公司，赚到了人生第一桶金。这项交易还是由马斯克牵线促成的。

为了成为太阳能行业的专家，准确找到商机，赖夫兄弟花了两年时间学习太阳能技术和行业动态、阅读研究报告、沿途拜访专家并参加会议。直到参加了两千人出席的太阳能国际会议时，赖夫兄弟才真正确定了自己的业务模式。当时太阳能市场反映不好，对于如何缩减成本，让消费者买到便宜又便捷的太阳能板，与会的专家并没有给出答案。

面对消费者痛点，居然没有人去积极寻找解决方案，赖夫兄弟觉得自己的机会来了。

2006年，马斯克和这对表兄弟创办了太阳城（Solar City）公司，马斯克投资了1000万美元，是最大的股东，掌管着公司三分之一的股权。

太阳城公司瞄准用户痛点：怀疑不划算和安装太麻烦。他们自己不生产太阳能板，而是向别家公司采购太阳能板，把精力用在解决用户痛点上。当时公司定下的愿景是，不做太阳能电池板制造商，而是要控制从销售到安装的整个消费者体验太阳能的过程。

马斯克亲自帮助表兄弟们构思了一套业务模式：首先，他们设计了一套软件，用来分析客户当前的电费账单、房子的地理位置和房子能够接收到的太阳能总量，帮助客户确定安装太阳能是否划算。接着，他们成立了一个上门安装团队，帮助客户安装太阳能板，为他们省去了自己找厂家安装的麻烦。然后，他们又开发了一个财务软件系统，方便客户缴费，客户只需要按月支付租费，并且如果出售了自己的房子，这些还可以转移到新的业主手中。如此一来，客户省了很多麻烦，还省了大笔电费。

"免费安装＋租赁"模式，让太阳能在市场惨淡的大环境下迅速打开了局面，成为太阳能应用市场的"NO.1"。在这一点上，我们不得不再次佩服马斯克的远见和商业头脑。

太阳能市场是人人都看好的新领域，但进入这个领域之后，由于找不到好的商业模式而破产的企业不在少数。其中比较著名的公司是Solyndra公司。Solyndra公司比太阳城公司成立还早一年，曾经被当作能源创新样板的公司，得到过美国能源部批准的5亿美元联邦贷款担保。美国政府对这家公司也寄予厚望，但是由于Solyndra公司开发的发电板价格高，败给了其他制造商，仅仅四个月后，也就是2011年9月6日，Solyndra公司宣布破产，负债额高达7.838亿美元，1千多名员工被解雇。专家指出："排除竞争因素，Solyndra公司本身的产品制造成本过高才是其倒闭的原因。"有政府支持的Solyndra公司尚且如此，遑论其他小公司了。

就是在这样的环境下，太阳城公司竟然赢得了美国合众银行（US Bancorp）、美国银行（Bank of America）等金融机构的17亿美元巨额投资。这其中，马斯克的商业能力毋庸置疑。

2011年，太阳城公司推出了"Solar Strong"项目。这个项目计划花费5年时间，为全美国12万座军用建筑投入10亿美元，为其提供太阳能发电，其中包括安装太阳能发电量高达300兆瓦的太阳能发电板，提供比公用电力成本更低的太阳能电力。项目一旦完成，将是美国历史上规模最大的屋顶太阳能项目。该项目得到了美国能源部的有条件贷款担保和谷歌公司2.8亿美元投资，从而让世人对太阳能前景增强了信心。

身处再有前景的行业，如果找不到合适的商业模式，企业也难以掘到金。太阳城的成功，从根本上说是商业模式的成功。他们立足现实，巧妙地避开了竞争，从而为自己找到了发展机会。

具体分析：一方面，他们没有一上来就开发制造太阳能发电板，研发新产品耗费的时间和金钱是实力薄弱的创业者所不能承担的，原材料上涨和产品价格下降对于生产商来说都是灭顶之灾；另一方面，当时能用现金购买价格昂贵的太阳能发电系统的用户是有限的，太阳城公司采取租赁模式，有效解决了用户购买意愿低的大问题。

太阳城公司上市

太阳城成为美国国内最大的太阳能板安装企业之后，不断有竞争者开始进入这一行业。2011年10月，就连陶氏化学这样的大企业也开始进军太阳能行业。在联邦、州和地方政府提供的太阳能补贴及税收优惠政策的激励下，陶氏化学推出了比传统太阳能电池板便宜15%的陶氏太阳能瓦片。在产品推广上，陶氏化学也借鉴了太阳城的做法，针对想更换当前屋顶的业主，陶氏为新房业主提供该产品的交钥匙支持，通过授权经销商网络为个人住宅安装太阳能瓦片。

当时，中国、日本、意大利和荷兰的很多公司也开始进入太阳能市场。其中，中国的太阳能板制造商带来的市场冲击力最大，他们直接把太阳能板的价格降了下来。这导致的结果是：美国的太阳能板制造商损失惨重，而只做售后服务赚中间价的太阳城则因此获益，业务量越来越大，甚至获得像英特尔、沃尔格林药房、沃尔玛、亚马逊这样的大客户，从家庭用户服务商摇身一变，成为企业用户的定制服务商。

太阳能业务销量一路高升，太阳城生意越做越大，成功发展到十几个州。彼时，马斯克正忙于特斯拉和SpaceX的发展，无暇顾及太阳城的事务。但大家都知道他才是太阳城的幕后老板，因为他的"明星效应"，资本市场纷纷看好太阳城。

2012年感恩节，太阳城开始为上市路演。在路演的过程中，激进的听众甚至向马斯克高喊："全球气候变暖太可怕了，埃隆，快来救救我们!"

2012年12月13日,太阳城公司成功在纳斯达克上市,发行价8美元,上市交易第一天股价飙升47%,高盛、瑞士信贷、美银美林等是其承销商。接下去的两年时间,太阳城快速实现了销售翻倍。2014年,太阳城已经拥有7万多名客户,市值已经接近70亿美元。

和特斯拉电动汽车一样,太阳城之所以能获得投资者认可并成功上市,归根结底在于马斯克的超前世界观,而非太阳城的商业表现。

> 太阳在一个小时内照射在地球表面上所发出的太阳能,相当于全世界一整年的能源消耗总量。如果太阳能注定是人类未来首选的能量来源,那么这一未来应该来得越快越好。

马斯克为人类描述的这个未来,实在太有诱惑力了。如同希望电动汽车能够成功,大家也希望他能在太阳能领域闯出一片天,进一步带领人类走向新能源世界。毕竟我们都太需要一个好的生存环境。与其说人们在为太阳城投票,不如说是在给马斯克的世界观投票。

在创立特斯拉的时候,马斯克从来不把电动车同行视作竞争对手。他认为特斯拉的真正对手是整个传统汽车工业体系:什么时候真正的竞争者,如丰田、戴姆勒、福特,会为了制造自己的电动车向特斯拉购买几亿美元的发动机和电池系统呢?他和表亲创立太阳城公司,像加油站那样布局和设立电动车充电站,就是源自对这种趋势的判断。

马斯克说:"没有人怀疑未来,但最大的不确定性在于历史进程的时刻表,即这种转变发生的时间与速度。"

2006年8月,马斯克在撰写的"秘密汽车规划"中,明确了特斯拉发展路线:将制造小批量但昂贵的汽车吸引高端用户,用卖车的钱开发价格较低的中型汽车卖出去,资金回流后再制造负担得起的大批量汽车。他还清晰地写下特斯拉的首要目标:"加快从碳氢化合物经济向太阳能、电力经济的转变。"

一般情况下，电动汽车充电站使用的电力都是当地电力公司供给的，但马斯克在各个超级充电站都设置了太阳能电板，建造了利用太阳能给特斯拉汽车充电的基础设施。如果电动汽车充电站不仅具有充电功能，还能通过太阳能发电获得收益，支持这项事业的人也许会增多。在全美国普及超级充电站绝非易事，需要巨额资金。利用太阳能发电给特斯拉汽车充电，无疑能给他的融资增加亮点。

换句话，创办太阳城一开始就在马斯克的规划之内，它是为特斯拉快速发展和进一步融资服务的。

盲目扩张中陷入危机

在《基业长青》一书中,作者吉姆·柯林斯告诉我们,盲目扩张是企业走向衰败的开始。一般人的刻板印象是,大多数公司之所以从卓越走向衰落,是因为它们被成功冲昏了头脑,没能及时创新、激发变革,变得日益懒惰。这与事实不符,自鸣得意、拒绝变革或创新的企业最终都会失败,但现实中,很多企业倒下并不是因为自鸣得意的偷懒,而是因为太过于进取。吉姆·柯林斯认为,世界三大卓越公司——默克制药、摩托罗拉和惠普之所以发展迟缓,皆是扩张太快所致。

太阳城公司也犯下了这样的错误。可能是从小受马斯克的影响,在巅峰时刻,赖夫兄弟也像他们的表兄马斯克一样立下了雄心壮志:2018年实现100万次安装。在他们看来,如果太阳能注定是人类未来首选的能量来源,那么它应该发展得越快越好。

从2014年开始,太阳城公司开始和特斯拉联手,太阳城公司开始销售特斯拉汽车公司制造的Powerwall电池组。购买太阳板的用户同时被游说购买特斯拉的Powerwall家庭储能系统。这些储能电池组能够为用户提供夜间照明和应对意外断电。通过储能电池来弥补太阳板受天气影响的先天缺陷,这一点无可厚非,确实能够提升太阳板的销售量。

但是,太阳城公司的另外一个决定就显得冒进了。一向不染指太阳能板制造的太阳城公司,被销量冲昏了头脑,也要自己制造太阳板了。"安装和销售太阳能几乎与制造无关,这就像是汽车经销商说它要生产汽车一样。"

2014年6月，太阳城以2亿美元的价格收购了一家名为赛昂电力（Silevo）的太阳能电池制造商，从此自己生产太阳能板。

在收购的时候，马斯克表示："如果不进行此次收购，有可能我们就无法获得足够的太阳能面板来确保业务的长期发展。虽然市面上基础面板的产量很大，但太阳能行业需要更先进的面板与其他类型的新能源竞争。收购赛昂电力也将大幅削减太阳城的成本。"

相比大多数转化效率为14.5%的普通电池，赛昂电力的电池将光转化为能源的效率据说可以达到18.5%，而他们的目标是采用正确的生产技术将转化效率提高到24%。

购买而非制造太阳能板是太阳城的最大优势，这使太阳城不但能在市场供大于求时以较低的价格购入太阳能板，还能节省建造和运营工厂所需的巨额资金。但随着消耗的太阳能板数量增大，太阳城希望保持稳定的供应和价格。如果能自己制造太阳能板，并利用一些与众不同的技术，成本自然会降低，利润则会增加。

当时业内人士很不看好这项收购。因为当时全球太阳能面板已经供过于求，很多国家在大力扶持太阳能电池板制造，这使得全球产能过剩，利润大幅下降。一些太阳能面板制造商被迫转向太阳能系统开发和安装领域。太阳城收购赛昂电力，纯粹是逆势之举，充满风险。

显然，太阳城人自己不这么看。2015年，有了自己的生产工厂之后，太阳城雄心膨胀，他们立下这样的目标：每年安装2吉瓦的太阳能板并生产2.8太瓦的电力。并喊出了这样的口号："太阳城将致力于实现自己的目标，成为美国最大的电力供应商之一。"

为了扩大销量，再创高峰，太阳城开始进军海外市场。公司最早看重的是欧洲市场，于是在英国成立了子公司Zep Solar。不幸的是，Zep Solar制定的计划与英国政府对于住宅和小型商业屋顶光伏阵列削减上网电价补贴的提议相冲突。Zep Solar被迫解散。

退出英国市场之后，太阳城开始进军墨西哥市场。进入墨西哥市场采取的也是收购的方式。收购的是墨西哥最大的商业和工业太阳能开发商之一ILIOSS，收购完成后，ILIOSS作为太阳城的一个独立业务部门运营。这项价值不菲充满主观理想的收购再次让太阳城背负上财务压力。

另外，为了冲击销量，太阳城公司在团队建设上也极其冒进。公司每周招聘近100名销售代表，来完成赖夫兄弟制定的激进目标。薪酬支出也让太阳城的现金流吃紧。另外管理上也出现了混乱状态，积极奋斗的企业文化开始变味，两名重要高管相继离职。

正如俗话所言，巅峰过后往往是下坡。放弃了自己的核心优势，加上在陌生领域的冒进举措，让太阳能产业标杆企业太阳城很快陷入财务危机。太阳城的股价从2015年下半年开始出现下跌趋势。作为创始人的赖夫兄弟，开始抛售自己的股票。

到2016年，资不抵债的太阳城亏损达到了8.2亿美元。赖夫兄弟无奈之下，只好找自己的表亲马斯克求救。马斯克硬着头皮，接下了这块烫手山芋。

力排众议收购太阳城

2016年8月,特斯拉宣布以26亿美元(约合179.1亿人民币)的价格收购太阳城公司。

当时特斯拉自身的日子并不好过,背负着超过20亿美元的债务,特斯拉董事会和评估这笔交易的银行都不看好这项收购。但马斯克力排众议,近乎独裁式地促成此交易。

时任特斯拉首席财务官的杰森·维勒(Jason Wheeler)充满担忧:"特斯拉押注在Model 3上,我们有一大堆事情要做,我们还要负担一大笔债务。埃隆,为什么我们现在要急于做这件事呢?"

对此,马斯克武断地表示,收购太阳城公司的好处"毋庸置疑"。他这样辩解:特斯拉借此将成为世界上第一个真正实现了全产业链的新能源公司:出行开电动车(特斯拉)、停车有充电桩+充电通道(太阳城)、回到家也可以用家用电池(Powerwall)满足日常需求。这将改变美国乃至全世界的家庭生活,带给大家前所未有的高科技生活体验。

对外,马斯克宣称太阳城财务状况良好;对内,他则表示,公司需要解决其"流动资金危机"。

财务状况并不是大家反对的重点,如果项目好,公司总会有变好的一天。大家反对的重点是马斯克此举明显是在假公济私。

在太阳城公司的股东里,除了马斯克这个最大股东之外,还有他的亲弟弟金巴尔·马斯克,表兄弟莱登·赖夫和彼得·赖夫,以及其他几位交叉持有特斯拉、太阳城、SpaceX 股权的好友。如果放任太阳城破产，马斯克家族和他的朋友无疑是最大的"受害者"。

为了洗刷嫌疑，马斯克这样对股东强调合并的价值："人们会想要一个能发电、看起来不错、能长时间使用的屋顶，这就是我们想要的未来。所以太阳能屋顶将是一个重要的产品。因为它是一个全新的、革命性的产品，这将是特斯拉的一个主要产品线。"

为了给股东树立信心，马斯克进一步描绘即将开展的"太阳能屋顶（solar roof）"业务：在别墅上安装一个太阳能屋顶，在外工作了一天的家庭成员可用它来烧饭、洗澡、阅读、看电视，购买特斯拉电动汽车的家庭随时可以用它充电。总之，"太阳能屋顶"用处极大。

2016 年 10 月，马斯克特意挑选了热门美剧《绝望主妇》的拍摄基地，作为"太阳能屋顶"新品发布会的场地。发布会上，马斯克当众展示了"太阳能屋顶"产品，令人印象深刻。尤其是远在中国的光伏厂商们立马得到启发，有人还激动地在朋友圈贴出了现场照片。太阳能屋顶不算新事物，中国很多厂商在做太阳能屋顶，只不过没人想到用它来给汽车充电。

特斯拉新推出的这款"太阳能屋顶"，是由一块块被重新设计的太阳能瓦片组成，瓦片又被三层材料所包裹：底部是太阳能电池，彩色瓦片夹在中间，第三层是钢化玻璃，整体看上去非常美观，可以为别墅房子增色不少。

尽管内行人说"太阳能屋顶"样品中看不中用，但是特斯拉收购太阳城的提议却在几周后获得批准。

股东看好太阳能的未来，毕竟，在此之前，没有其他任何一家公司推出过类似的产品。从差异化竞争角度看，"太阳能屋顶"确实是一款好产品。美国家庭大多住别墅，"太阳能屋顶"市场潜力巨大。按照马斯克当时的计划，未来几年内"太阳能屋顶"产品至少占到全美国 5%的屋顶。

在 2017 年首次披露的一份备忘录中，特斯拉的高层统一了对外口径，向外界强调公司并购"绝非救急"，称特斯拉与太阳城的合并，"堪称完美"。

事实上，合并后太阳城依然经营困难。2017年6月，莱登·赖夫从特斯拉离职重新创业。自太阳城与特斯拉合并后，莱登·赖夫就一直担任着特斯拉能源部门销售与服务业务的主管。因为全力投入Model 3项目，"太阳能屋顶"不断推迟量产。

太阳能屋顶项目虽然前景光明，但具体运营上其实难度很大。之前也有公司从事类似的太阳能屋顶业务，但探索了几年，还是失败了。比如，2013年陶氏化学就采用铜铟镓硒技术将太阳能转为电能，开发出了集民用和商用为一体的瓦片，当时市场一片看好，但在2016年7月，陶氏化学关闭了电力屋太阳能系统生产线。

基于此，当时有人推断，马斯克其实并不想真正量产"太阳能屋顶"，他只是拿"太阳能屋顶"为噱头，旨在提升特斯拉股价，争取新一轮融资。

实事求是来讲，马斯克确实有这样的企图。太阳城毕竟没有特斯拉那么火，所以很难从机构投资者那里筹资，把太阳城和特斯拉捆绑在一起，确实更方便融资。但事实上，马斯克的如意算盘落空了，收购太阳城之后，特斯拉的股票并没有显著起色。

不过，收购太阳城，又确实为特斯拉赢来了投资。2014年6月，太阳城收购光伏组件制造商赛昂电力（Silevo）的时候，与纽约达成了在水牛城建厂的协议。美国水牛城，是纽约州西部的港口城市，曾经是美国的最大城市之一，后来沦落为最穷的城市之一。2016年，在重振"钢铁小镇"水牛城Billion计划中，太阳城从当地政府获得7.5亿美元巨额财政补贴。

到欧洲和中国去发展

特斯拉收购太阳城公司之后,马斯克制定了雄心勃勃的计划,即将水牛城工厂建设为西半球最大的光伏组件基地。该工厂被称为"超级工厂二号"。

纽约州为推进该振兴计划,承诺斥资 3.5 亿美元建造水牛城工厂,另斥资 4 亿美元购买特斯拉指定的设施,并以每年 1 美元租金,租给特斯拉 10 年。

作为回报,特斯拉承诺至少雇用 1460 人从事太阳能相关工作,再雇用 2000 人支持在纽约销售和安装光伏组件,并帮助该州吸引额外的 1440 个工作机会。不仅如此,一旦实现全面生产,未来 10 年将在纽约投入约 50 亿美元资金。

然而,接下去太阳能业务的发展并没有让马斯克如愿以偿。

马斯克在收购太阳城后做了这样的调整:停掉租赁模式,取消成本高昂的挨门挨户营销,转而在特斯拉的门店销售。这样做虽然降低了销售成本,但导致了销售额大幅下跌。这其中一个原因是,特斯拉公司对于零售店进行过调整,许多效益不佳的专卖店关门了,这使得太阳能业务在当地失去了唯一的店面营销和介绍机会。

为了提升销售额,马斯克对原有产品进行了大规模减价,最后敲定售价为 2 美元/瓦。这一价格相比此前的售价已经下跌了 20%,比美国住宅太阳能系统均价(2.85 美元/瓦)还低四成。

与此同时,特斯拉还推出了全新的"太阳瓦"产品,以取代传统的"屋顶+太阳能电池板"的安装模式，但是和特斯拉的电动车业务一样，这一产品也出现了技术不成熟导致不断延期的问题。后来，马斯克再次恢复租赁模式，收效依然不显著，太阳能业务收入直线下滑。

在销量不佳的情况下，马斯克做了一个颇具争议的决定。2018年，特斯拉退出了和美国最大的建材商 Home Depot 合作销售太阳能板的协议，这意味着特斯拉其实间接放弃了太阳城曾经行业第一的地位——和屋顶建筑商合作是每一个屋顶太阳能生产商推广业务销售产品最直接的方式，位列行业前三名的太阳能厂家都采取了这种合作。这一决策让特斯拉的住宅太阳能安装市场份额从 2015 年最高峰时期的 33.5% 下降到 2019 年的 9.1%。

这期间，太阳城还摊上了两件大事。

其一是被沃尔玛告上法庭。2018 年 6 月，沃尔玛公开起诉特斯拉，并声称将撤掉 240 家门店所安装的太阳能屋顶，因为其发现即使在断开屋顶和系统的连接后依旧发生了火灾。

沃尔玛列出了特斯拉的几宗罪：电气和太阳能系统没有正确连接、产品有明显技术缺陷、没有定期的检修人员且缺乏专业知识。随后，特斯拉另一重要的合作伙伴亚马逊也表明立场，称不再安装更多的特斯拉太阳能系统。两大商业巨头的发声，将特斯拉的太阳能屋顶业务推入僵局。沃尔玛很快就与特斯拉达成庭外和解，并发表联合声明称，他们很高兴此事得到解决。特斯拉还启动了一项名为"泰坦计划（Project Titan）"的内部计划，对安装了传统太阳能电池板的家庭进行检查，据说这些太阳能电池板可能连接了存在故障的连接器，以杜绝起火的风险。但这些都没有扭转太阳能业务的颓势。

其二是被特斯拉的股东告上法庭。特斯拉的一些股东从特斯拉收购太阳城的那天就耿耿于怀，这些股东认为，特斯拉的电动车业务和太阳能业务毫无关系，特斯拉根本不应该收购由马斯克亲戚创办的太阳城公司。股东指出，这次收购是马斯克利用自己的权力在拯救亲戚的事业。2019 年，有股东把马斯克告上法庭。

整个 2019 年，马斯克因为太阳能业务而饱受质疑，声音来自股东、媒体、客户、零售商，可谓四面楚歌。2020 年，马斯克被迫重振太阳能业务。据国外媒体报道，如果特斯拉在 4 月份未能在水牛城工厂雇佣 1460 名员工，它将不得不向纽约州政府支付 4120 万美元的罚款或申请一项处罚豁免权。

那么，该如何破局呢？马斯克决定把太阳能业务带出国门。"既然特斯拉汽车能实现国际化发展，太阳城业务就一定也可以。"

2020 年 5 月，特斯拉中国宣布，增加太阳能屋顶业务。上海自贸区临港新区超级工厂开始大规模招聘，组建关于充电、能源、基础设施的团队。

与此同时，特斯拉向英国提交了电力供应商许可申请，为获得企业发电资质，引入其自动化能源交易平台，将电网和可再生能源发电系统关联，实现电力的实时交易。此举将撼动英国的电力市场格局。

太阳能业务过去几年的发展迟滞，是碍于特斯拉汽车产能的艰难爬坡，所有力量都在为主航道的汽车业务让步。曾经为了支持 Model 3 的产能增长，特斯拉削减了太阳能产品的产量，现在汽车业务已经顺风顺水，接下去大力发展太阳能业务，成为理所当然的事情。

马斯克表示：

> 特斯拉能源正在成为分布式全球公共事业，可能超过汽车业务。

这一次，特斯拉确实不是"说说而已"。根据特斯拉太阳能业务供应商亚玛顿的公告，其已经开始放量向特斯拉提供太阳能瓦片玻璃等。

除了特斯拉自身的努力，种种迹象表明，太阳能市场正在迈向一个新的阶段：2020 年 1 月，瑞典 Midsummer 公司推出一款隐形太阳能瓦，据该公司的负责人声称，它看起来就像任何一个漂亮的瓦屋顶，几乎看不出有太阳能电池板。该项目得到了瑞典政府的大力支持。2020年10月，法国 Sunstyle 公司推出了一款将屋顶遮蔽和发电这两种功能结合起来的"法国造"太阳能瓦。法国政府立即出台一项面向建筑光伏一体化细分市场的额外激励措施，在长期保护性电价之外支付一笔特别的奖励金。

一项技术从小众市场走向主流大众，除了民间企业的努力之外，还需要政府的大力支持。随着各国政府对太阳能光伏发电的重视和扶持，太阳能市场迎来了新的机遇。马斯克觉得重启太阳能项目的时机到了。

重回太阳能市场领导者

蓝海战略告诉我们,如果一家企业只能生产和其他公司同类的产品,就很容易陷入红海竞争。而如果能领先找到竞争对手无法生产的新类产品,就能主导整个市场。

太阳能发电前景光明,但不是一时间就能改变行业现状的。在住宅安装这一领域,太阳城的领导地位,早已被 Sunrun 公司取代。Sunrun 在收购了主要竞争对手 Vivint Solar 之后,更是巩固了自己的领导地位。如果在这一块和 Sunrun 死磕,特斯拉未必能取胜;事实上,就算特斯拉太阳能向国际化发展,其全球的销量也不及 Sunrun 在美国本土的销量。

如何在自己的执掌下,让特斯拉太阳能再次成为新能源的领导者呢?马斯克其实早就有规划,那就是增加特斯拉太阳能筹码:开发储能产品。

太阳能屋顶最大的难题是什么?马斯克非常清楚:"太阳在晚上不出来。"为了弥补这一先天缺陷,2015 年 4 月,特斯拉发布了一系列太阳能储能产品的规划,包括 Powerwall 家用电池能源产品和 Powerpack 工业储能产品。

其中,Powerwall 家用储能产品,能够在电力需求低谷的时候充电,在电价和用电需求更高的时段输出电能,储存的能量最大为 10 千瓦,相当于一个普通家庭持续 10 小时的耗电量。

与太阳能屋顶产品的降价拼好感相比，储能产品 Powerwall 的价格却一直在上升，从 5900 美元上涨到了 7000 美元。但这也挡不住市场的追捧。根据美国太阳能权威网站 Energy Sage 发布的行业统计报告，特斯拉 Powerwall 2 实际上已经主导了美国的家用电池储能市场。

从 2019 年 7 月到 2020 年 6 月，美国太阳能市场的电池储能系统交易中，Powerwall 的市场占有率超过一半。从安装成本上看，按每千瓦时的储能成本计算，Powerwall 2 也是市场上最便宜的家用储能系统品牌。可以说，在家用储能领域，特斯拉太阳能已经遥遥领先。

而针对商用和公共事业的储能产品 Powerpack 和进阶版 Megapack，也正以势不可挡的姿态在全球攻城略地。马斯克曾经这样描绘过它们的威力："只需 1.6 亿个 Powerpack 就能覆盖全美国的用电，多个 Megapack 串联形成的超级储能设备足以为旧金山的每个家庭提供 6 小时的电力。"

2019 年，特斯拉太阳能与美国最大的电能公司之一太平洋天然气和电力公司（PG & E）在加州合作部署数个 Megapack。2020 年，随着电动汽车销售量的增长，市场对于特斯拉 Megapack 储能产品的需求远远超过其生产能力。特斯拉只好想方设法加大生产。

2020 年 7 月，英国可再生能源开发商 Harmony Energy 引进了特斯拉 Megapack 技术，在南部多塞特郡建立首个电池储能项目。2020 年 8 月，PG & E 建设的一个电池储能项目已经开工，该储能项目容量为 182.5MW/730MWh，将安装 256 台特斯拉 Megapack 电池组。

通过太阳能屋顶和储能产品，特斯拉在太阳能领域，重新夺回了市场领导者的地位。

小结：成为市场领导者的三个关键

太阳能业务不是马斯克创业历程中最耀眼的，但却是最富有创业启示的。相比电动汽车和宇宙火箭创业，太阳能创业最接地气，前两者都太过"高冷"，在"无人区"行进，马斯克想怎么干就怎么干。而创立太阳城的时候，已经有很多人在做了，所以马斯克被迫和大多数创业者一样，面临如何切入行业、如何在竞争中胜出、如何摆脱昙花一现的命运。

那么，太阳能业务可以带给创业者什么启示呢？

1. 模式创新

创业注定是艰难的，尤其是在攻占市场阶段，创业者只有先于竞争对手找到最合适的盈利方式，并充分地利用它，才能拥有极大的优势。太阳城早期能成为美国最大的住宅供应商，关键因素就是租赁模式。在马斯克的独到眼光下，太阳城没有介入既烧钱又充满风险的太阳板制造，而是通过开创性模式做中间商赚差价，以及吸引政府补贴，从而在竞争红海中生存了下来。创业初期，生存是头等问题，盈利模式是关键。

2. 产品创新

创业是一个不断发现的过程，绝不是一旦正常运作起来以后就可以一招鲜吃遍天。随着时间的推移，曾经有效的渠道会不断地发生改变。

其中有些渠道将不得不退出，另外一些渠道竞争越来越强。

这就是创业者需要不断地进行实验和尝试的原因所在。虽然是依靠家用太阳能起家，特斯拉在收购了太阳城之后，开始向储能业务延伸。竞争对手只能提供价格和功能上占优势的太阳能屋顶产品，而特斯拉拥有"solar roof V3+Powerwall+Megapack"三大产品线。正是因为开发出了竞争对手还不具备的高新技术，特斯拉太阳能重新主导整个市场。

3. 协同意识

创业立于不败之地，要具备两个条件：率先闯入一个全新的领域，并以足够快的速度建立起护城河。太阳能是个前景广阔的新产业，但是它一直叫好不叫卖。马斯克的厉害之处是，他把太阳城和特斯拉、SpaceX 捆绑了起来。

特斯拉负责制造电池组，太阳城负责销售给终端客户；太阳城负责向特斯拉的充电站供应太阳能板，帮助特斯拉向司机提供免费充电服务；特斯拉和 SpaceX 共享技术。曾经一段时间，太阳城、特斯拉和 SpaceX 都是各自市场中的输家，都面临各自领域的强敌，但是当三者协同起来，竞争者就很难打败太阳城、特斯拉和 SpaceX 的强强联合了。

第十章

为拯救地球血战到底

——"全面开花"

马斯克的好朋友克里斯蒂·尼科尔森说过:"我认为SpaceX是他的情感和灵魂所在。我知道,有人觉得特斯拉是第一位的,但我认为,SpaceX才是他的心之所系、魂之所系。我觉得,他对其他的一切都不在乎。"特斯拉突飞猛进的发展,为马斯克四处"招黑"。先是媒体的各种抨击,接着是同行的联合攻击,甚至还有政客的阻挠。这些攻击反而让马斯克百炼成钢,更加坚定为拯救地球而战的使命感。马斯克没有把精力浪费在应对这些负面问题上,而是加快了实现终极梦想的步伐。为了有一天能让人类在火星和地球实现双星生存,他在新能源、新交通、航天航空、人工智能以及软件生态等领域加大了投入,天上地上,全面开花。

人类首次实现火箭回收

为了降低太空飞行的成本，科学家们一直在寻找替代材料、改善航天器上不懈努力，而马斯克则突发奇想：回收火箭，重复利用。

他说："如果火箭可以像飞机一样重复使用，那么进入太空的成本可以降低百倍。传统的运载火箭是一次性使用的，在发射后坠回地面，或在大气层中燃烧殆尽，往往只剩下一些金属残片。而垂直起降的运载火箭在落回地面后，只要稍加修复，重新加注燃料就可再次发射，大大降低了发射成本。"

拿"猎鹰9号"（Falcon 9）为例，一次发射的成本报价约为6200万美元，其中所耗费推进剂的费用为20万美元，仅为花费的0.4%，大部分发射费用都用在了制造火箭上。如果发射一次就报废实在是浪费。如果火箭发射后能回收，重复发射10次至100次，则将大幅降低执行发射任务的成本。

过去，火箭历来都是"一次性产品"，要实现回收，听起来像天方夜谭。然而，马斯克就是要把不可能变成可能。

他给"猎鹰9号"设想的回收模式是，将形态"长细"的子一级火箭以垂直姿态"软着陆"于指定的区域。为此，将面临箭体要克服高空、高速空气动力条件下的姿态控制，多次点火与发动机逆推，以及落地时的精确控制等难题，这是一项非常困难的技术。

马斯克曾经对"猎鹰9号"的回收进行过形象的比喻：如同在狂

风中将一把笤帚竖立在手掌中。

马斯克从来都不是一个知难而退的人。当然,他也不允许自己的团队如此。马斯克有一句名言是:

> 假如你从未失败,只能说明你不够创新。

"猎鹰9号"的发射过程就是一个很好的注解。

2014年7月14日的首次试验中,"猎鹰9号"坠入海中;

2015年1月10日的回收试验中,"猎鹰9号"在回收船上爆炸;

2015年2月11日的回收试验中,"猎鹰9号"坠入大西洋;

2015年4月14日的回收试验中,"猎鹰9号"翻入海中;

2015年6月28日的回收试验中,"猎鹰9号"直接爆炸。

在经历这么多惨烈的失败之后,一般人大概率会放弃,但是马斯克团队没有。

在他们的坚持下,2015年12月21日,"猎鹰9号"火箭进行第20次发射,在为轨道通信公司(ORBCOMM)发送11颗卫星后,第一级火箭在卡纳维拉尔角空军基地第一着陆场成功着陆,实现人类太空轨道运载火箭第一级可控回收,开创了人类航天历史的新纪元。美国著名企业家彼得·沙克曼在社交平台上大为感慨:"当我们的后来者在其他星系开疆拓土之时,请记住我们在2015年12月21日见证了这一时代的开端。"

不过,在它成功的前一个月,蓝色起源公司已经完成了首次回收太空飞行器的试验。蓝色起源公司是亚马逊集团专门用于开展太空旅游业务的下属公司,该公司先后建造了3台"新谢泼德"号飞行器,陆续进行了9次试射,最终抢在SpaceX公司前发射成功。

同样是采取"垂直起飞、垂直降落"的回收方式,蓝色起源提前一个月发射成功,但SpaceX并没有被抢走风头。通过前后对比,"猎鹰9号"在性能上要更胜一筹。比如"新谢泼德"号的燃烧速度约为3

马赫，降落时的高度约为100公里，与发射点的水平距离约为20公里；而"猎鹰9号"的燃烧速度约为7马赫，降落时的高度为200公里，与发射点的水平距离为95公里。"猎鹰9号"整体参数比"新谢泼德"号要更好，所以美国航空航天局（NASA）更看好"猎鹰9号"，选择和SpaceX深度合作。此后，很多国家在制造火箭的时候也在学习"猎鹰9号"。

事情的发展往往不会一帆风顺。第一次发射成功后，SpaceX随后又进行了多次回收试验，并经历了多次爆炸和坠海的悲剧。直到2016年7月18日，"猎鹰9号"才完成二次发射并成功回收。但就算这第二次成功发射，后面也没有因此100%回收成功。

2016年9月1日，在卡纳维拉尔角空军基地的LC-40发射台，对即将发射的"猎鹰9号"火箭进行静态点火测试的时候，火箭意外发生爆炸，火箭、卫星、发射台统统被炸毁。这次爆炸据说是最严重的，但它依然没有吓退SpaceX团队。

2017年2月开始，SpaceX公司先后15次用"猎鹰9号"火箭发射"龙飞船"，为美国NASA执行向国际空间站运送补给的任务，为国际空间站送去近6000磅物资，其中包括食物、水、科学实验用仪器设备和需要在太空微重力环境下测试的器材，以及一个名为"CIMON"的人工智能机器人。

马斯克显然不满足一次回收，为了能多次利用，SpaceX公司这些年一直坚持试验，巅峰的时候每月发射两次。在不断刷新载重和回收次数的过程中，"猎鹰9号"经历了大量设计上的改进。到2021年1月，不断改进的"猎鹰9号"已经重复执行任务达到了5次。这距离马斯克所预期的重复发射100次，还有很长的路要走，SpaceX团队不仅没有放弃的意思，反而士气越来越高涨。

载人航天试验成功

"我要在火星上退休!"这是马斯克的口头禅,但如今越来越多的人开始觉得,他不是在开玩笑。2012年10月,SpaceX"龙飞船"将货物成功送到国际空间站,开启私营航天的新时代,并成功获得了美国NASA16亿美元订单。举世欢呼中,马斯克格外清醒,因为他的真正目标是把人类送到火星。

在他看来,在地球这个有限的空间内,人口不断增多、全球变暖不断加剧、环境继续遭到破坏,人类的生存环境越来越糟糕,移居到火星势在必行。

将人类送往火星,毕竟是前无古人的创举,谁也不知道这能不能成功。连马斯克本人也不确定。

《杨澜访谈录》节目中,主持人杨澜问马斯克:"你确定自己会成功吗?"

马斯克:"不,我以为我们很可能失败。"

马斯克不怕承认失败,但他又不止一次说过:

> 做企业就像凝视死亡的深渊。

把人类送到火星,是马斯克为了圈钱而纯粹吹的牛吧?SpaceX公司真的能发射载人飞船吗?如果能发射,会是什么时候?

回应质疑的最好方式是行动，毕竟很多人只愿意相信自己看到的东西。从 2013 年开始，SpaceX 公司积极为商业载人飞行做准备。而机会总是青睐有准备的人。

为开启商业航天运输飞行和"廉价"空间探索的新时代，美国政府开启了一项商业轨道运输服务计划，俗称"太空的士"，向本国的商业企业公开招标。2014 年 9 月 16 日，波音公司和 SpaceX 公司赢得美国 NASA 提供的 68 亿美元的"太空的士"合同，接下去的几年，SpaceX 公司旗下的"龙飞船"（Crew Dragon）和波音公司自己设计的"空间人员运载系统"（CST-100）将负责向国际空间站运送航天员，标志着人类载人航天飞行重启。

2015 年 11 月 25 日，NASA 正式向 SpaceX "下订单"，将于 2017 年发射太空船运载宇航员前往国际空间站。

显然，NASA 和 SpaceX 都太乐观了。

2016 年 1 月 23 日，SpaceX 成功完成了对其载人"龙飞船"的空中悬停测试。随后的三年时间，SpaceX 经过多次模拟试验，都没有十足的把握把人送上太空。

直到 2020 年 5 月 30 日下午 3 时 22 分，首次载人试航才发射成功。美国宇航员道格拉斯·赫尔利和罗伯特·本肯搭乘 SpaceX 的载人"龙飞船"，由"猎鹰 9"火箭从佛罗里达州肯尼迪航天中心 39A 发射台升入太空。

这是自 2011 年 7 月 8 日美国"亚特兰蒂斯"号完成谢幕之旅后，美国宇航员太空飞行的新篇章。

需要指出的是，此次任务是在美国新冠病毒爆发和反种族歧视骚乱的阴霾中展开的，"在困难时期做出的非凡的事情"。美国前总统特朗普和副总统彭斯特意飞抵现场观看。"龙飞船"在国际空间站停留约两个月后，于 8 月 2 日，载着两名宇航员返回地球，落入佛罗里达州附近的墨西哥湾。

4 个月后，SpaceX 公司乘势而上，2020 年 11 月 15 日晚，成功将名为"Resilience"的载人飞船送入轨道,这一次有 4 位宇航员搭乘:美国宇航员迈克尔·霍普金斯(Michael Hopkins)、维克多·格洛弗(Victor Glover)、香农·沃克(Shannon Walker)和日本宇航员野口聪一(Soichi Noguchi)。此外,还搭载了一只在飞行过程中充当"零重力指示器"的"尤达宝宝"毛绒玩具。

这次载人发射,不再是试验,而是执行 NASA 指派的太空任务,4 位宇航员将在空间站上值守 6 个月。这标志着"太空的士"计划走上正轨。

当时,媒体有这样的戏称:能把人类送入太空的只有美国、中国、俄罗斯和马斯克。

一般企业家听到这样的盛誉,怕是要飘飘然了,但马斯克依然很淡定,他当晚给 SpaceX 员工发邮件:下一个重中之重就是加速研发每艘可以搭载一百人的星际飞船!

马斯克并不满足于给 NASA 做"打工人",也不满足于给富翁太空游做定制服务,他的长期目标是让移民火星变得人人可以负担。

2021 年 2 月,在一款名为 Clubhouse 的音频社交 APP 上参加直播的时候,当再次被问及"人类将在什么时候去火星"时,面对 5000 名来自不同国家的粉丝,马斯克第一次给出了明确的答案——"五年半"。

野心勃勃的星链计划

在"龙飞船"成功把人类送入太空之后，SpaceX 公司并没有停下脚步，而是继续勇往直前。

星链计划（Starlink）是马斯克提出的又一项宏伟计划。按照他的规划，预计到 2024 年，SpaceX 将在太空搭建由约 1.2 万颗卫星组成的"星链"网络，向地球人提供互联网服务，其中 1584 颗将部署在地球上空 550 千米处的近地轨道。如此数量，堪称人类史上规模最震撼的卫星计划，要知道，从 1957 年苏联发射第一颗卫星到今天，各国发射的卫星总量也不过 5000 多颗。

据马斯克透露，星链投入运营后，人类至少可以享受到比目前家庭宽带快 30 多倍的超级宽带网络，速率甚至可达 23Gbps。以前的太空计划具体内容对于普通人来说，可能是可望不可即的事情，但星链计划无疑会给每个人带来实质性的超级体验，所以 SpaceX 的这项新计划非常受关注。

需要指出的是，卫星互联网计划并非 SpaceX 的首创。早在 20 世纪 90 年代，比尔·盖茨就投资过一家专门研究低轨道卫星网络的公司，推行一个旨在向偏远地区提供互联网帮助的项目。该项目在当时并不被看好，在烧掉 90 亿美元后于 2002 年宣布终止。在过去的十多年，美国有很多公司都在尝试低轨道卫星网络建设，比如波音、OneWeb（软银投资）、ViaSat、Telesat、Audacy、Karousel LLC、Space Norway、Theia

Holdings、LeoSat 等，但都没有什么实质性突破。

马斯克再次发挥了他的"任性"，别人做不成的，我偏偏要去做！

他表示："我们在火箭方面的成功，在卫星方面也能照样实现。"

鉴于火箭和飞船的成功，美联邦通信委员会（FCC，Federal Communications Commission）很快同意了 SpaceX 的这一计划。备受鼓舞的马斯克一激动，又计划再加 3 万颗卫星，也就是说，SpaceX 总共要在太空部署 4.2 万颗卫星。为了实现这个目标，SpaceX 很努力，"疯狂的时候"几乎保持每周发射一次。

2020 年 6 月，SpaceX 使用一枚猎鹰 9 号火箭，搭载 60 颗星链卫星成功升入太空，搭载数量令人惊叹不已。2021 年 1 月，其搭载数量变成了一箭 143 星。

空中布网的同时，SpaceX 多次在美国和加拿大对其星链互联网服务启动公开 beta 测试，而且并非免费。测试者需要支付每月 99 美元的基本费用，同时还要支付 499 美元的前期费用才能获得包括终端接收设备、三脚架和 WiFi 路由器在内的星链设备。在美国和加拿大的测试结果显示，星链互联网的试用速度已突破 160 Mbps，超过美国 95% 的宽带连接。

2021 年 1 月，在向美国联邦通信委员会提交的最新申请文件中，SpaceX 全面概述了其星链项目的扩展计划，其中包括提供电话服务、语音通话紧急备份服务，以及通过政府的 Lifeline 项目为低收入者提供更便宜的电信服务等。

不难看出，星链项目已经被马斯克列为 SpaceX 创造收入的新途径。他曾估计，星链计划每年至少会为 SpaceX 带来 300 亿美元收入。2021 年 2 月 9 日，他更是在社交媒体上扔出重磅消息：未来星链将公开上市。

有人说，星链正在成为 SpaceX 的白衣骑士。星链、飞船、火箭发射，构成 SpaceX 的三驾马车。其中，火箭发射是 SpaceX 最出名，同时也是天花板最低的业务。2020 年，Space X 共计完成了 26 次发射任务，独占全球一半的发射量,但为 Space X 贡献的收入也不过 20 亿美元,远远无法覆盖研发火箭的资金投入。飞船项目烧钱和火箭项目差不多。三驾马车中,最有望上市的就属具备自我造血能力的星链了。

不过马斯克不会承认,星链上市是为了缓解 Space X 烧钱速度。他说:

> 星链赚到的钱,将投入移民火星计划。等成功移民火星后,SpaceX 将开发和部署一个和星链计划差不多的卫星通信系统供在火星的人们使用。

前面我们提到过,马斯克很崇拜爱迪生,重视科技成果的应用性。在他看来,科技只有造福人类,才算成功。星链计划就是要让每个人都可以直接尽享卫星带来的超级宽带。

星链计划带来的商业前景,让很多公司垂涎三尺。全球越来越多的公司开展了类似星链计划的卫星互联网服务探索,其中能对 SpaceX 构成威胁的只有亚马逊公司。亚马逊公司的卫星互联网服务叫作 Project Kuiper,该项目计划向近地轨道发射 3236 颗卫星。

马斯克曾经公开发文,大力指责贝索斯和亚马逊在背后下黑手,试图阻碍 SpaceX 卫星互联网服务的部署。

原来,2020 年 SpaceX 提交降低卫星离地高度的请求后,亚马逊建议美国联邦通信委员会制定更加严格的规则,以促进良性竞争。在贝索斯的影响下,其他公司纷纷站出来响应亚马逊。让马斯克生气的是,亚马逊的卫星系统还要好几年才能正式进入运营,因此他认为亚马逊的"缓兵之计"有阻碍 SpaceX 发展的嫌疑。

亚马逊未必是 SpaceX 的最大竞争对手。2021 年初,吉利汽车宣布计划投资 41.2 亿元人民币发展低轨卫星互联网项目。中国对航天航空的探索一向世界领先,吉利汽车的加盟,不容小觑。事实上,吉利汽车在新能源科技、航空航天产业等早已做好布局,假以时日,很可能成为第二个 SpaceX。

越多人站出来叫板,就越证明星链计划的成功。马斯克在为自己的太空计划铺路的时候,无意间引发了轨道资源争夺赛。

成为全球首富

2021年1月7日，特斯拉股价大涨7.94%，每股816.04美元，总市值达到7735亿美元，创下历史记录，比丰田、大众、现代、通用和福特汽车的总和还要高。马斯克的个人净资产升至1950亿美元，超越亚马逊创始人杰夫·贝索斯的1850亿美元身价，成为全球首富，把微软创始人比尔·盖茨、路易·威登集团董事长伯纳德·阿诺特、Facebook创始人马克·扎克伯格、股神沃伦·巴菲特、谷歌创始人拉里·佩奇和谢尔盖·布林、甲骨文公司董事长拉里·埃里森统统甩到了身后。

对于全球首富的头衔，马斯克的反应是什么呢？他在社交平台只发表了一句话："好奇怪……好了，回去工作吧。"

世人无法做到像马斯克本人那般淡定的原因在于，在过去的一年里，马斯克的身价至少翻了6倍。按照彭博社的说法是："这可能是历史上最快的财富创造。"按照福布斯的说法是："马斯克的净资产出现了天文数字般速度增长。"

近几年经济周期下行，很多企业像被架起来火烤一样备受煎熬。2020年1月，一场突如其来的新冠疫情，把一些原本就处境艰难的企业，拖入了"至暗时刻"。随着疫情在全世界继续蔓延，宣告破产和直接倒闭的企业越来越多。

美国疫情最严重时，申请破产的企业不乏行业翘楚：页岩钻探公司Whiting Petroleam Corp、深水钻井承包商Diamond Offshore Drilling

Inc、知名服装品牌 J.Crew、百年老店 J.C.Penney 百货公司、全球最大的万圣节服装制造商 Rubie's Costume Company、出租房屋在线搜索平台 Rent Path、运动品牌零售商 Modell's Sporting Goods、健身中心连锁企业 Gold's Gym 等。而像通用汽车公司这样的大企业，虽然不至于破产，但也只能裁员自保，这导致了美国爆发了近 12 年来最大规模的罢工，通用汽车公司有 4.6 万工人参与了罢工。

正如纳西姆·尼古拉斯·塔勒布在《反脆弱》中所言："有些事情能从冲击中受益，当暴露在波动性、随机性、混乱和压力、风险和不确定性下时，它们反而能茁壮成长和壮大。"每一次危机来临，恐慌、风险、死亡如影随形。但正如硬币有正反两面，每一次危机，都会涌现出一批成功的企业。2020 年，特斯拉就是全球最大的赢家。

2020 年初，马斯克资产不到 300 亿美元。在接受采访时，他还在哭穷："很多人认为我有很多现金，其实并没有。我在特斯拉拿的是法律规定的最低工资，非常微薄。"

2020 年 5 月，特斯拉位于美国加州和中国的工厂因遭遇大规模疫情而停工，马斯克表示，他计划出售自己的多处房产。随后他真的挂出了两套房子。据一家报纸追踪报道，马斯克出售了在 Bel Air 一个死胡同里的三套相邻住宅，总共售价 4090 万美元。

进入 2020 年下半年，事情发生反转。随着特斯拉销量大增和载人航天飞船——"Demo-2"的发射成功，马斯克的身价如同火箭般飞涨。7 月，他超越股神巴菲特成为全球第七大富豪；8 月，他超越 LV 集团董事长阿诺特成为第四大富豪；9 月，他超越扎克伯格成为第三大富豪；11 月，他超越比尔·盖茨成为第二大富豪。2021 年 1 月，他终于超越杰夫·贝索斯，成为全球首富。

面对身家财富飙升，马斯克表现得很淡定，他从来不认为财富是什么值得炫耀的事情。他说过很多让世人震惊的言论，但从来没有说过自己有一天要成为世界首富。

对于财富的用途，马斯克早在 2018 年就说得很清楚：

第十章 为拯救地球血战到底——"全面开花"

我会用大约一半的钱来解决地球上的问题,另一半用在火星上,建立一个自给自足的城市,以确保地球生命的延续,避免像恐龙那样被小行星毁灭,或者发生第三次世界大战,人类自我毁灭。

这段话被他在最常用的社交平台上置顶。这代表着他的信念:获取财富的主要目的是加速人类向太空文明的进化,帮助人类成为跨星球物种,从地球文明跨越到太空文明。

超级高铁梦

除了电动汽车梦和太空梦之外,马斯克还有一个超级高铁梦。

2013年,特斯拉盈利所带来的狂热还未消散,马斯克便再次用自己的想法引爆全球。8月12日,因为对"造价高、速度慢"的加州高铁项目深感失望,马斯克提出了"Hyperloop"(超回路列车)的新型交通概念。马斯克称之为"第五种交通方式"。

马斯克所构想的"超级高铁",并不是人们常见的传统火车的形态,而更像是一个铝制的胶囊。其运行原理是将"铝制胶囊"置于钢铁管道之中,然后将管道抽至真空,再像发射炮弹一样将车厢发射至目的地,通过这样的方式来回运送乘客。

按照他最初的设想,通过一条400公里长的超高速铁路,可以在35分钟内把旧金山的乘客运送到洛杉矶。如此算来,胶囊高铁比商用飞机速度还快,因此"超级高铁"也被称作飞行铁路、飞速铁路(简称"飞铁")。

事实上,"Hyperloop"的想法并非马斯克灵机一动的产物。20世纪90年代,机械工程师达里尔·奥斯特已经提出了"真空管道运输"概念,并在1997年获得了相关技术专利。马斯克对达里尔·奥斯特提出的这一概念进行了丰富,进一步提出了"超级高铁"的理念。

马斯克在当年的科技大会上公布这一想法的时候,还声称会在"超级高铁"中装上太阳能电板,确保运行中获得的能量超过整个系统消耗的能量。另外，"超级高铁"还配备存储能量的设施，确保在不使用电池板的情况下能够行驶一周时间，这样就可以对各种复杂天气免疫。如是看来，"超级高铁"宛如特斯拉的升级版。

马斯克的"超级高铁"之所以非常引人关注，除了快如飞机，更清洁更环保之外，一个关键是它可以大大缩减高铁建造成本。根据官方文件，美国洛杉矶到旧金山的高铁工程耗资近700亿美元，但马斯克表示，建造洛杉矶到旧金山的"超级高铁"，如果只搭载乘客，耗资仅为60亿美元，如果该系统要搭载人、货物和车辆，造价也仅为75亿美元。对于乘客来说，乘坐超级高铁也很划算，从洛杉矶到旧金山，乘飞机花费需要500美元，而乘坐"超级高铁"，只需要100美元。

为了展示出自己造"超级高铁"的决心，马斯克发布了名为《超级高铁缘起》的白皮书，共58页，详细阐述了"超级高铁"概念，并第一时间为自己的想法申请了专利。

"超级高铁"被媒体称作"即将诞生的下一个特斯拉"。

忙于特斯拉和SpaceX而分身乏术的马斯克，2014年干脆提出了"开源设计"的概念，欢迎任何人在他最初设计的基础上提出疑问或修改意见，并允许其他公司对"超级高铁"进行开发。多家公司接受了这一挑战，其中最引人注目的是Hyperloop Transportation Technologies公司和Hyperloop One。

2016年初，由美国NASA和波音公司员工组建的众筹公司——Hyperloop Transportation Technologies公司的第一条超级高铁管道，在拉斯维加斯北部地区破土动工。这段测试用的管道轨道全长2英里（约合3.2公里）。

2017年5月12日，Hyperloop One公司首次在真空环境中对其超级高铁技术进行了全面测试，利用磁悬浮技术，实现了70英里（113公里）的时速。公司联合创始人施欧文·彼西弗（Shervin Pishevar）和总工程师乔什·吉格尔（Josh Giegel）在哥伦比亚广播公司一档节目中把这次测试称作Hyperloop One"历史性的时刻"，认为其重要性堪比莱特兄弟的"第一次飞行"。就在当月，Hyperloop One 获得了 8000 万美元的 B 轮融资，公司估值接近 1.2 亿美元。新的投资者包含 137 家风投，其中不乏通用电气旗下的投资机构 GE Ventures 以及法国国家铁路公司。

不过很快，Hyperloop One 的风头就被中国高铁所取得的实质性进展所盖过。2017 年 8 月 29 日，中国航天科工公司在武汉宣布启动时速 1000 公里"高速飞行列车"的研发项目，后续还将研制最大运行速度 2000 公里和 4000 公里的超级高速列车。

人类对于速度的追求从未停止，如何实现科幻电影中的"瞬间移动"，如何制造出更快捷、更安全、更节能的交通工具，已成为无数科技控孜孜以求的目标。对于被这么多公司抢先一步，马斯克表示：

> 我并不指望借助超级高铁大赚一笔，但是当超级高铁由想法变成现实时，我会感到很高兴。一种新交通方式的出现会让人感到很酷。

但是，熟悉他的人都知道，他从来都不会只把自己的想法推向世界，然后自己退出去。从 SpaceX 和特斯拉抽身后，他先是成立了一个为"超级高铁"挖隧道的公司——The Boring Company，然后宣布亲自下场，把自己的想法彻底实现。目前，"超级高铁"取得了一些成就，但很多核心技术还没有攻破。

反对 AI 统治人类

IBM 的"深蓝"打败了国际象棋世界冠军卡斯巴罗夫,比赛结束后,卡斯巴罗夫哭了;谷歌的"AlphaGo"打败了世界排名第一围棋手柯洁,比赛结束后,柯洁也哭了。

为反对人工智能(AI)滥用,2015 年,马斯克在与其他硅谷科技大亨进行连续对话后,决定共同创建 OpenAI———一个不受谷歌或其他任何公司控制的全新人工智能实验室。

"如果人们可以利用人工智能做一些好事,那么他们也可以利用人工智能去干坏事。"正是基于这样的担心,马斯克和 Y Combinator 总裁萨姆·奥特曼(Sam Altman)、天使投资人彼得·泰尔(Peter Thiel)以及其他硅谷巨头决定向 OpenAI 注资 10 亿美元,与滥用人工智能抗争到底。

2016 年 6 月 21 日,OpenAI 宣布了自己的宗旨:将那些可能会成为 21 世纪最具革命性的技术免费共享给所有人,帮助解决人类现存的气候、医疗等科学难题。

虽然 OpenAI 并没有开出太高的薪酬,但很多技术达人还是争相加盟。最吸引他们的地方就在于:科研人员在 OpenAI 可以专心探索面向未来的技术研究,无需关心产品和季度盈利,同时可以将大部分研究成果与需要它的所有人共享。

但是,要和那些 AI 公司抗衡,谈何容易。美国的大型科技公司如谷歌、Facebook、亚马逊、苹果和微软，在过去十年里都建立了专门的人工智能实验室。其中，DeepMind 和 FAIR 实验室已经取得了很大的成就。

DeepMind 是一家英国的人工智能公司，创建于 2010 年，2014 年被谷歌收购。DeepMind 最出名的是 AlphaGo，它因为在围棋游戏中挑战并击败了世界上最好的人类棋手而出名。谷歌重组后的"伞形公司"Alphabet 每年都会给 DeepMind 拨款数亿美元。

FAIR 成立于 2013 年，Facebook 的创始人扎克伯格、首席技术官 Mike Schroepfer 以及公司其他持有股票的领导，都在支持 FAIR 的发展。Facebook 此前已经使用了机器学习技术，在它们的社交网络上决定用户会看到什么样的消息流，但相比最前沿的神经网络模型来说，这太小儿科了。FAIR 本身并没有开发出像 AlphaGo 和 GPT-3 那样著名的模型和应用，但是它在计算机视觉、自然语言处理和对话型 AI 等领域发表了很多学术论文。

后来成立且非盈利的 OpenAI 支撑了三年，在 2019 年 3 月进行了一轮重组，成立了一家名为"OpenAI LP"的子公司，目的就是更好地筹集资金，吸引人才，继续与谷歌、亚马逊等这些大公司在 AI 领域进行竞争。这次重组标志着 OpenAI 已不再是纯粹的非营利性组织，而是一个混合了营利与非营利性质的混合企业。非营利组织在筹款上是有极限的，而人工智能研发不仅需要巨大的算力，也需要庞大的资金。走上营利之路也是无奈之举。

2019 年 7 月，微软宣布向 OpenAI 投资 10 亿美元，以协助其开发 AGI（通用人工智能）平台，解决更多科学难题，共同实现人工智能技术的民主化。在这笔投资后，微软成为 OpenAI 的独家云供应商，OpenAI 则和微软合作开发 Azure AI 超级计算技术，并授权微软使用其部分技术进行商业化。有了微软这个靠山，OpenAI 得以和 DeepMind、FAIR 分庭抗礼。

微软之所以斥巨资投资 OpenAI，是看上了 OpenAI 先进的 GPT 技术。2019年2月，OpenAI展示了一个自然语言处理模型GPT-2，用户只要提供一小段文字，系统就能根据自己的理解来编写余下的内容，不光是小说、新闻，甚至还帮人做报表。2020年9月22日，OpenAI向微软授权GPT-3技术。GPT-3的能力更加强大，已经被许多商业机构"盯上"。

2020年12月，微软砸进去的10亿美元初见成效：微软与OpenAI合作打造的Azure超级计算机，拥有超过285000个CPU内核、10000个GPU和400Gbps的网络连接，几乎可以像人脑一样理解或学习任何任务。

2021年1月，OpenAI在GPT-3方向上又获得一个重要突破——可以按照文字描述，生成对应图片。这个新的AI技术，叫作"DALL·E"，名字来源于大艺术家达利（Dalí）和皮克斯动画《机器人总动员》中的主角"瓦力"（WALL·E）。除了生成现实中的图片外，DALL·E还能按要求设计出超乎想法的图片。OpenAI的技术突破，让微软笑开了花。

然而，不少业内人士都对微软和OpenAI的合作抱以质疑态度，他们担心OpenAI会受到微软的影响，屈服于财政压力和利他因素，无法再像以前一样保持开放、平等传播的姿态。对此，马斯克的回应是：

> OpenAI应该更加开放，所有开发先进人工智能的组织都应该受到监管，包括特斯拉。

脑机结合 Neuralink

马斯克对人工智能入侵，一直是高度警惕的。除了建立 OpenAI 与之抗衡之外，他还成立了 Neuralink 公司。

他认为，通过人与机器共生方式大大提高智能水平的人类，能够先发制人地融入未来世界，以阻止超级智能的人工智能奴役我们。为此，2016 年他创立了 Neuralink 公司，专门研究脑机接口技术——将人脑与计算机系统融合，实现脑机通信。

有人在社交平台上问："Neuralink 可以用于训练大脑的成瘾或抑郁的部分吗？"

马斯克回答说：

> 当然，这既伟大又可怕。在短期内，Neuralink 将用于治疗帕金森综合征等脑部疾病，而这项技术的长期目标是让人类与人工智能竞争。

脑机结合面临一个巨大的挑战。因为传统的微电子材料，例如硅、金、不锈钢和铱等，在植入人体时会造成创伤，留下疤痕。对于肌肉或人脑组织中的应用，需要传递电信号以使其正常运行，但是疤痕会影响电信号的传递。为此，美国科学家一直在研发将刚性的无机微电极与大脑连接起来的新材料。后来美国化学学会发现了可用于人机融合的生物聚合物涂层,这让马斯克的"畅想"终于可以付诸实践了。

2019年7月,Neuralink"脑后插管"黑科技首次亮相,其头骨钻孔、植入芯片的方法让世人惊艳。这种微创的手术方式可以让大脑与微小的电极相连,最终有助于恢复颅脑外伤患者的大脑功能。马斯克在发布会上表示,他希望芯片植入的过程像激光视力矫正手术一样具有非侵入性,甚至不需要做全身麻醉。一年后他的愿望实现了。

2020年8月29日,马斯克再次为Neuralink举行发布会,并在会上公布了最新一代脑机接口产品:一枚硬币大小的可植入大脑的芯片,以及一台可完成自动植入芯片的手术设备。该芯片能够感应温度、气压,读取脑电波、脉搏等生理信号,支持远程数据无线传输。芯片植入手术可以在一小时内完成,完全不需要进行全身麻醉。

在发布会上,马斯克还宣布:Neuralink的脑机接口设备已经获得美国食品药品监督管理局(FDA)的"突破性设备计划"许可,这意味着脑机接口技术可以在人类身上进行植入实验了。

此前,Neuralink公司已在老鼠和猪身上进行过测试。2021年1月,Neuralink又在两只猴子头骨里植入了无线设备,让它们直接通过大脑玩乒乓球游戏。猴子的大脑和人类的大脑比较接近,在猴子身上实验成功,让Neuralink公司更有信心了。万事俱备只欠东风,Neuralink公司只等着申请手续办妥,就可以在人身上实验了。

Neuralink的突破,让以往只出现在科幻电影中、充满神秘色彩的脑科学再次备受关注。大脑是人体最重要的器官,也可能是宇宙间最复杂的物体——约有1000亿个神经元,每个神经元与10万个类似的神经元相连,而且每个神经元的放电模式不同,编码模式不同,信息处理方式也不一样。

为了观测大脑结构、洞悉规律,两百年来科学家们可谓煞费苦心。有科学家表示,目前人类仅仅探明了大脑结构的5%,远远不能满足解决实际问题的需要。随着脑机结合研究的深入,人类有望真正认清楚自己的大脑,甚至会制造出理想的人造大脑。

即便是在这么前卫的领域，Neuralink 也有激烈的竞争对手。近些年，脑机接口深受欢迎，政府、学术界和产业界都对它表现出了非常大的兴趣。比如，Facebook 的 60 名工程师合作开发出了一种脑机接口，让人们用大脑意念就能打字，而不需要植入侵入性植入物。除意念打字之外，Facebook 也在研究一种让失聪的人绕过耳朵"听"到声音的方法。这项技术设想让皮肤模仿耳朵里的耳蜗，把声音转换成大脑的特定频率，从而产生听觉。Facebook 还在尝试建立具有先进空间分辨率的光学神经成像系统和下一代神经假肢。

不过，马斯克表示，脑机接口只是 Neuralink 对付人工智能挑战的一小步。从长远来看，他希望开发一种可以实现人类与 AI 之间共生的设备。

特斯拉卖龙舌兰酒的背后

2020年11月6日，一向不喜欢按照套路出牌的特斯拉突然卖起来龙舌兰酒。这款名为Tesla Tequila的龙舌兰酒，每瓶售价250美元，约合人民币1652元。虽然价格不菲，但很快被抢购一空。更让人觉得不可思议的是，Tesla Tequila的空瓶子，竟然在eBay平台遭到哄抢，有一个酒瓶甚至卖到1420.69美元（约合人民币9418元）。

马斯克想要卖龙舌兰酒的想法由来已久。2018年，他在社交平台上发布了一张照片，照片中他靠在一辆Model 3上昏倒在地，周围都是"Teslaquilla"的瓶子。随后，特斯拉向美国专利和商标局提交了"Teslaquila"的商标申请。没想到，特斯拉立刻遭遇到墨西哥龙舌兰酒监管委员会（CRT）的反对。

根据龙舌兰酒行业的规定，"龙舌兰"（Tequila）这个词是一种原产地的称呼，这个词的使用权只属于龙舌兰农业企业。2019年3月，墨西哥工业产权局宣布，"Teslaquila"不能被注册，因为它与原产地对龙舌兰酒的称呼过于接近。如果特斯拉想生产龙舌兰酒，必须与一家获得授权的龙舌兰酒生产商合作，遵守某些标准，并要求获得墨西哥工业产权协会批准。最终，特斯拉龙舌兰就只能被迫放弃"Teslaquila"这个名字，转而命名为"Tesla Tequila"。特斯拉称，"Tesla Tequila"由总部位于加州的Nosotros Tequila厂商生产。据称其龙舌兰来自墨西哥一个允许生产的州——哈利斯科。

其实，在卖龙舌兰酒之前，特斯拉已开卖限量版"做空短裤"（Short Shorts）。"做空短裤"缘起于马斯克的一个玩笑。对冲基金绿光资本总裁大卫·爱因霍恩是特斯克空头，马斯克曾送给这位"冤家"一些短裤，后来干脆开发了"做空短裤"。马斯克还给美国证券交易委员会（Securities and Exchange Commission，简称 SEC）送过"做空短裤"，讽刺他们的不作为，任由那么多机构做空特斯拉。

除了卖电动车，特斯拉还卖起了酒水、男装、女装、马克杯、不锈钢水壶、T恤、高尔夫伞、棒球帽、休闲背包等。这并不是胡来，而是均在马斯克的生态计划之中。

互联网时代，得用户者得天下。有了粉丝，就可以"无所不为"。国内的小米就向我们充分证实了这一点。小米从卖手机起家，现在凭借旗下上百家公司，从家电到卫生巾，渐渐覆盖了人们生活的方方面面，触角之广，超乎一般人的想象。特斯拉在中国取得快速发展，显然借鉴了小米产业链的发展模式。事实上，2020 年 9 月 15 日，特斯拉联合小米打造了一款可以打开和关闭特斯拉电动汽车的智能手表。

2019 年，特斯拉汽车产量大幅提升，2020 年，特斯拉乘势火速推出了几款新产品：攻占紧凑版 SUV 市场的 Model Y、通过推出新的内饰和新的顶级性能 Plaid 选项更新 Model S、全电动重型卡车 Semi、续航 100 万英里的全新特斯拉电池。除此之外，特斯拉还推出了类似苹果 App Store 的应用商店，开启了生态链发展。

这一规划可以追溯到更远。自 2012 年推出 Model S 以来，特斯拉一直断断续续地谈论发布软件开发工具包（SDK），以在其巨大的中心触摸屏上创建完整的第三方应用生态系统。

2013 年，特斯拉制作了一个非官方的 API，可以启用某些非常基础的第三方应用程序。这个计划一直被搁置，是因为马斯克认为时机还不够成熟。

2020 年，特斯拉已经成为全球最大的智能汽车厂商，并将成为全球保有量最大的智能汽车厂商；特斯拉在 V10 版本软件更新中开始加入第三方应用。而根据苹果公司的经验，App Store 有可能成为特斯拉的最大增长引擎之一。苹果 App Store 中软件分为免费和付费两大类，苹果不参与免费软件的分成，只参与付费软件（下载付费、应用内付费、订阅付费）分成，分成比例为 30%（订阅类首次后 15%）。2019 年，苹果 App Store 所带来的分成收入约为 150 亿美元，相当可观。

当然，通过 App Store 赚钱并非马斯克的初衷，如何服务好"拉粉"，进而让更多的人享受到更好的生活，这才是他真正的出发点。正如他所言，其所做的一切都是为了给人类带来更好的生存环境。

小结：不忘初心，方得始终

马斯克小时候沉迷于科幻小说，14岁那年便立下了要拯救人类的人生志向。这么多年来，他一直在追寻着这个火星梦。他曾表示，自己有70%的概率会去火星，然后余生就在火星上过日子了。大学时，马斯克曾经思考过"对人类未来影响最大的问题到底是什么？"这一问题，最后他得出的结论是"互联网、可持续能源、宇宙开发"这三项。

创业积累到第一桶金后，他将自己在硅谷赚到的大部分钱都毫不吝惜地投入这三项事业当中。后来，这三项事业都遭遇到各种各样的困难，马斯克总是以破釜沉舟的勇气渡过了难关。

当"地上跑"的特斯拉步入正轨之后，马斯克开始重拾"飞天梦"，于是才有了载人航天试验的成功。如果只是为了赚钱，SpaceX完全可以只做富人的生意，专注太空旅游即可，但是他不忘初心，要让人类实现多星化生存。马斯克奇迹般的成功，从根源上讲是人生理想的成功。

1. 始终牢记使命感

马斯克所做的一切都是为了地球的未来，他对破坏地球环境的行为一概谴责，毫不留情，哪怕是对美国总统。2017年6月1日，在特朗普宣布退出《巴黎气候协定》半小时后，马斯克打脸特朗普，宣布辞去特朗普顾问委员会的职位。他这样放话："气候变暖迫在眉睫，他这种做法不利于美国和全世界。"

一些企业家创业是为了自己的资本积累和家族声望，一些企业家创业是为了引领行业的未来走势，只有少部分企业家创业的初衷是为整个人类谋福祉，马斯克就是其中的一员。我们可以看到他时常把"人类"和"地球"挂在嘴边，并为之不断努力。

2. 坚信自己的信念

托马斯·爱迪生开启了电气时代。约翰·洛克菲勒开启了石油时代，史蒂夫·乔布斯开启了智能社交时代，他们都是具有划时代意义的创新者。相比之下，马斯克挑战的事业超出了地球的范围，所以大家才觉得他是"疯子"。但马斯克自己从来都没有动摇过：

> 火星是一个真实存在的星球，我们可以在那里创造一个真正的文明。但在一开始，这有点像沙克尔顿为南极作的演讲。他说，这很危险，你可能会死，会很不舒服，这会是一个很漫长的旅程。你可能得不到足够的食物，还会有未知的可怕恐惧。但，这将是一次伟大的冒险，如果你没死的话，这将是有史以来最令人振奋的事情之一，而这就是我为火星做的广告。

3. 倒逼自己成功

优秀的人，往往对自己特别"狠"，他们善于用"时间倒逼法"激励自己不断前行。所谓时间倒逼法，就是设定一个截止日期，大声说出去，接受别人的监督，然后倒计时，给自己一种紧迫感。

早在2016年9月，马斯克曾在国际宇航大会上发布登陆火星的蓝图，称"如果事情超级顺利，载人登陆火星可能需要10年期限"。也就是到2026年，他要把人类送到火星。2021年2月，在直播的时候，当再次被问及"人类将在什么时候去火星"时，面对5000名来自不同国家的粉丝，马斯克给出了明确的答案——"五年半。"

从中我们可以看出，他的说法前后一致，也就是说，别人笑他异想天开，但他一直在朝着自己的目标前行。事实上，马斯克有自己清晰的计划表：2022年火星上将会有两艘星际货运飞船；2024年将会有六艘星际飞船，而且其中的两艘飞船是载人的，每艘船上将会有100人左右；2026年的时候，火星上至少有一个地球村。

　　树立远大志向，坚信它一定能够实现，倒逼着自己去成功，这就是马斯克的成功秘诀。道理听起来老生常谈，但真正做到的人少之又少。

第十一章

和事业一样疯狂的私生活

——"花花公子"

为了更全面地了解马斯克,我们还是来看看他的另一面吧。抛开全球明星企业家这一耀眼头衔,马斯克的"花花公子"形象让他自带光环。无论是特斯拉还是 SpaceX,都没能影响到他豪放不羁的私生活。与一般企业家动辄忙到顾不上家所不同的是,作为"超级企业家"的马斯克,对于平衡事业和生活,自有他的一套方式和方法。

硬核母亲的精彩人生

投资家兼特斯拉董事史蒂夫·尤尔韦松曾这样评价马斯克:"在没有英雄的年代,马斯克就是英雄。他的胜利,是意志的胜利。"而马斯克却说:

> 我的母亲才是我的英雄,我的成功多半源于我母亲的培养和她特立独行的品性。

很多人知道,梅耶·马斯克除了"马斯克的妈妈"这个身份外,还有很多属于自己的身份,同样引人关注:她是上过Vogue等国际杂志封面的高龄模特,她是唯一一个在全球三个国家(南非、加拿大、美国)通过注册考试的营养师;她还是畅销书《人生由我》的作者。

在《人生由我》一书中,梅耶·马斯克讲述了这样一件事:当她从南非搬到加拿大多伦多时,她的营养咨询业务面临着没有病人的窘境。为此,她主动出击,写信给多伦多的医生们,告诉他们她能够帮到他们的病人。结果,第一批信件寄出后,她一个回复电话都没有接到。于是,她开始挨个儿给医生办公室打电话,在遭到一次又一次拒绝后,她坚持继续打电话,终于赢得与20位医生面谈的机会。最后,这20位医生里有4位医生尝试性地给她推荐了几个病人,她这才得以慢慢在加拿大扎根。

梅耶·马斯克一直提醒自己,也教导孩子们:世上没有绝对的"Yes",但是如果你没有开口,那答案绝对是"No"。因此,自己想要什么就主动去争取。

梅耶·马斯克的前半生一直与命运抗争。在23岁到33岁这10年的婚姻生活中,她每天无数次地遭受丈夫的咒骂,咒骂的内容是她多无趣、丑陋和愚蠢。这个时候,梅耶·马斯克会默默地想:"我或许无法控制我的无趣,但拿到过理学学士学位的我肯定不笨。而且我也不丑,因为我曾经在选美比赛中获奖,而且我还是一名模特。"不过,她不会把这些话说出口,因为如果她说了,就会面临一顿毒打。不过,很多时候,沉默也没有用处,丈夫同样会痛打她一顿。

1979年,南非通过了"不可挽回的婚姻破裂"的法律,梅耶·马斯克终于看见了逃离的曙光。为了尽快离婚并获得3个孩子的抚养权,她选择了净身出户,除了必需的生活所需外,她不跟丈夫争夺任何财产。

为了避免丈夫找家人的麻烦,她选择远离家人,独自靠微薄的收入养育3个子女,最艰难的时刻,她每天做5份工作,尽管如此,每天晚上仍旧要为第二天的饭钱发愁。很长一段时间里,她带着3个孩子每天只吃廉价的花生酱三明治和豆汤,每隔一段时间,就不得不从一间小公寓搬到另一间更小的公寓。

虽然生活困苦,但梅耶·马斯克从未放弃过对未来的追求,她在打工之余,攻读了两个营养师硕士学位,她在外人面前永远自信而迷人,在模特圈慢慢从"最老的模特"成了"最受欢迎的模特"。

可能是自己的婚姻生活太过于不顺心,梅耶·马斯克总是无条件地支持孩子们对未来的追求。10岁时,马斯克想要一台电脑,梅耶·马斯克二话没说,就给他买来了。17岁,马斯克高中毕业想去加拿大求学,梅耶·马斯克就放弃了南非稳定的生活,带着3个孩子辗转去了加拿大。在加拿大,梅耶·马斯克的营养咨询工作和模特工作都要从头开始,生活再次陷入困顿,孩子们看到母亲的艰辛,提出退学,梅耶·马斯克坚决不同意，她凭借着不屈不挠的坚持，在陌生的城市里硬是闯出了一条生路。

父母是孩子最好的榜样。马斯克曾在采访中，不厌其烦地感谢母亲对他各种奇思妙想的无条件支持："母爱最高级的形式就是给予孩子自由，这一点我妈妈做得非常好。我知道在我们3个孩子都上大学的那段时间她过得很辛苦，但她从来不抱怨，每次见她都满脸笑容。这样的态度，是她给我们的最宝贵的财富。"

50岁的时候，3个孩子在各自感兴趣的领域都有所成就。梅耶·马斯克辛苦了大半辈子，终于不用再为生计奔波了，她有条件退休，安享天伦之乐了。她按照孩子们的期望，从加拿大迁居到美国，和孩子们团聚。

随后，满头银发的梅耶·马斯克做了一个惊人的决定：再次走向T台，当模特。周围的人都很不理解，50岁的年纪真的不再适合模特职业，可梅耶·马斯克却说："我不认为自己已经老了，而且我也从来没想过退休。我热爱我的事业，我要工作到我的模特经纪公司不要我了为止……那时，我也许会再重新爱上别的事业。"就这样，她开始了穿着漂亮的礼服，顶着一头银发，和一群十几岁的女孩一起走秀。

60岁时，梅耶·马斯克全裸出镜，为《时代周刊》健康版拍摄封面。63岁时，梅耶·马斯克再次全裸出镜，为《纽约杂志》拍摄封面，这一次她还"制造"了一个大肚子，因为这期主题讨论的是高龄产妇越来越多的问题。67岁，梅耶·马斯克一头银发走在纽约时装周的T台上，名声大噪。70岁，梅耶·马斯克宣布："不会退休，我的70岁依然会精彩！"72岁，梅耶·马斯克与时俱进，加入直播网红大军，几次与邓文迪同框互动。梅耶·马斯克把自己活成了女人最理想的模样。她用自己的亲身经历告诉世人，不断超越自己的人生，才是彪悍的人生。

除了重拾模特工作外，梅耶·马斯克也没有放弃自己的营养咨询事业。可是，她在南非获取的营养师执照在美国是无效的。于是，在

50 岁的年纪，梅耶·马斯克重新读书考试，并顺利拿下了美国的营养师执照，并再次在全新的城市开启了自己的营养师事业，她甚至还获得了美国营养协会颁发的"年度杰出营养企业家"大奖。

2019 年，梅耶·马斯克的自传《人生由我》在美国出版后，有记者问她："当年从南非去加拿大，你重新考营养师认证，重新开始事业；在事业小有成就后，你搬到美国，再次从零开始。现在回头看自己的那些选择，你会觉得是冒险吗？"她说："任何选择都是冒险，不是吗？最安全的就是原地不动，但这样的人生也就很无聊了。人能知道自己热爱的是什么并且去追求，是很幸福的事情。追求自己热爱的，生命便不曾被浪费。"

当年火箭三连发失败的现场，曾有记者问马斯克："你想过退出吗？"马斯克想也不想地回答："没有，我从不考虑放弃。"母亲无论顺境还是逆境，无论多大年纪，都在用最大的努力和热情去拼搏，去争取自己希望得到的东西，哪怕这意味着无数次失败和从头再来，这种强大的人生态度，无形中给了马斯克应对困难的底气。

梅耶·马斯克最大的优点，就是非常支持孩子的选择。可能她长期受丈夫的压制，对于尊重和自由比谁都体会得深刻，所以她从来不限制 3 个孩子的自由发展，非常支持他们为兴趣而奋斗。太空、清洁能源、互联网、高铁，这些都不是马斯克天生就擅长的领域，但儿子每一次创业，无论别人如何不看好，梅耶·马斯克都无条件支持他的选择，当时所有人反对马斯克的时候，她第一时间站出来支持儿子，大声告诉他：你一定能成功。

难怪马斯克说过：

> 我的成功绝大部分归功于我的母亲。我的母亲是一个为生活尽全力的人，她很迷人。

梅耶·马斯克的坚强、自信与爱冒险，让她从人生低谷中慢慢走了出来，进而活出了真我。这种精彩的人生态度深深影响到3个子女。马斯克在创业中能多次走出低谷重新站起来，就有母亲的影响。他不断切换新领域创业，不断挑战自己，也是在不自觉地复刻母亲的人生态度。

家庭与事业难以兼顾

"有时候,也许是连着几周……我没算清楚,我会睡几个小时,工作,睡几个小时,工作,一连 7 天。那时候肯定每周工作有 120 个小时。"在接受杨澜采访的时候,马斯克透露,自己最忙的时候,会每周工作 120 个小时,而那段时间正是他创办特斯拉的时候,也是他和第一任妻子走进婚姻殿堂的时候。

有一次,有美国记者问他有没有时间陪老婆,他反问了一句:"我一周挤出 10 个小时陪老婆,够不够?"不同人对这个反问有多种解读,不过,可以肯定的是,身为马斯克的老婆,一定会承受很大的压力。他和第一任妻子的婚姻也证实了,马斯克对于家庭,不仅仅是没有时间陪伴这么简单。

1989 年,马斯克获得了加拿大国籍,他立刻参加了大学的入学考试,凭借优异的成绩,他取得了两所大学的入学资格,分别是皇后大学与滑铁卢大学。在两个校园都走了一圈后,马斯克最终选择了皇后大学,原因是滑铁卢大学的女生太少,而皇后大学却是美女如云。马斯克自己调侃道,他不想当和尚,与一群大男生度过四年的大学生活。

在皇后大学的舞会上,马斯克邂逅了他的第一任妻子詹妮弗·贾斯汀·威尔逊。贾斯汀是皇后大学艺术系的学生,长相甜美,才华突出,是大学里的风云人物。那个时候的马斯克是个花花公子,自然不肯放过这样光彩夺目的女人。他主动与贾斯汀搭讪,还时不时送些冰淇淋、玫瑰花之类的小礼物给她。没有事业的马斯克,其实是一个很浪漫的人。

一开始,贾斯汀并不接受他的追求。"我喜欢比我年龄大的男人,我热爱诗意、反叛,也乐于折腾,我喜欢男人骑着摩托车,停在我宿舍的窗户下,在暮色中呼喊我的名字。"贾斯汀说,"埃隆并不是我想象中的白马王子的形象。……他是一个十足的科技男,在家的时候老爱钻研数字、商业和逻辑方面的问题。我并不是他唯一追求的女生,但他转到沃尔顿商学院后还是坚持给我送玫瑰。"[1]

有一次,马斯克约贾斯汀一起去逛书店。在书店里,贾斯汀指着一排书架说:"有一天,我写的书也会摆放在上面。"这句话让马斯克深深震撼了,骨子里他喜欢有野心的人。当他知道贾斯汀喜欢阅读并创作科幻小说后,更加喜欢她了。他自己也是科幻小说的爱好者,这让两人多了很多惺惺相惜之感。在书店贾斯汀说出自己梦想的这一刻,他从贾斯汀眼睛里看到了蓬勃的热情和沸腾的梦想,自己的眼睛里也有同样的东西,马斯克自此认定贾斯汀为未来人生旅途中可以站在自己身边的女人。

和所有的校园爱情一样,他们毕业后也面临分手的考验。马斯克和贾斯汀也曾经分手过。毕业之后,马斯克去了美国并很快走上了创业之路,而贾斯汀则去日本当了一年的英语老师,为自己的作家梦积累人生经验。

不过,那时候的马斯克依然对贾斯汀充满牵挂,后来贾斯汀回国后,马斯克再次追求了她。这时候的他已经有了人生第一桶金,求爱的方式充满霸道总裁的味道,他给贾斯汀一张信用卡,让她随便花,支持她潜心创作。还在一次晚餐上,问贾斯汀想要几个孩子,贾斯汀回答:"如果请得起保姆,我想生四个。"种种迹象表明:这是一个可以托

---

[1] 摘自贾斯汀的专访文章《"I Was a Starter Wife": Inside America's Messiest Divorce》,2010年9月10日。

付终身的男人。贾斯汀彻底心动了。

在相识10年后,马斯克和贾斯汀终于在2000年1月结婚。让贾斯汀怎么也想不到的是,结了婚之后的马斯克,仿佛变了一个人;而让马斯克本人想不到的是,婚后的自己竟然变成了自己最讨厌的模样——他十分警惕,可没想到还是变成了像他父亲一样的人。

自出生以后,马斯克就经常目睹父亲对梅耶·马斯克动手暴打。5岁的时候,他就自动自发地学会了用尽全身的力量拉着父亲的脚,或者用力捶打他的后腿弯,阻止他打母亲。这些可怕的场面像烙印一样深深地留在马斯克的脑海里,直到成年后,父亲带给他的精神阴影仍旧存在。

两个人的矛盾其实在走入婚姻前的那一刻就埋下了种子。

当时,马斯克忙着创立第二家公司X.com,焦头烂额,没有时间陪贾斯汀。贾斯汀很郁闷,开始抱怨他,并提出过分手。为了让贾斯汀彻底放心,马斯克向她求婚了。贾斯汀以为成为丈夫的马斯克,会对建立家庭多花一些时间,就答应了。

在距离结婚还有两个月的时间,马斯克突然丢给了贾斯汀一份"财务协议",声称是公司董事会要求的。见贾斯汀傻眼,马斯克解释:"这不是婚前协议书。"贾斯汀信了。

就在两个人的婚礼教堂上,贾斯汀幸福地依靠在马斯克的怀抱里,随着音乐甜蜜舞动,突然,马斯克轻声说:"我才是这段婚姻的主导者。"当时,贾斯汀并没有把这句话放在心上,却没想到,马斯克真正做到了。

婚后,马斯克依然忙着创业。平时,夫妻俩有时候一周都见不到一面,完全成了最熟悉的陌生人。贾斯汀曾经对媒体说:"我的朋友总抱怨她们的丈夫七八点才回家,而埃隆通常11点才回家,然后还要再工作一两个小时。"

就算两人一起参加活动,贾斯汀的头衔也永远都是"马斯克的妻子",而不是贾斯汀。贾斯汀在外面没了自我,在家里更是如此。贾斯汀说:"帮助他成就事业的竞争心和控制欲,在他回家之后并不会自动消失。"她一边写书,一边照顾家里,可是马斯克总是用放大镜看她的错误,任何鸡毛蒜皮的小事都可以成为马斯克"找茬"的理由。贾斯汀连染发都做不了主,马斯克不喜欢她的发色,就会逼着她换上他喜欢的颜色。

从这个角度,我们其实可以称马斯克为"表里如一"的人。他在外对员工控制欲极强,在家对妻子也颐指气使。像马斯克这种强势的人,外人看起来很酷,但身边人却会感到很苦。

吵架的时候,贾斯汀大喊:"我是你的妻子,不是你的员工!"这没有引起马斯克的反思,反而引起了他的反感:"如果你是我的员工,早就被解雇了!"

马斯克对父亲深恶痛绝,可不知不觉间,他却活成了父亲的样子,在婚姻中,他总是想占据主导地位,而且像他父亲一样强势,不容辩驳。这种强势在他们的第二个儿子猝死之后达到了顶点。

2002年,两人的第一个儿子出生才10周不到,却因为婴儿猝死综合征夭亡了。贾斯汀伤心欲绝,而马斯克仍旧是沉迷于工作,忙到不着家。就算回家,也只是一味地语言冷暴力,批评贾斯汀把家里整理得不够完美。

对于儿子的死,马斯克闭口不谈,他也不让贾斯汀对外人谈论。贾斯汀只能把痛苦憋在心中。为了尽早走出悲伤,贾斯汀去求助了一家试管婴儿诊所。很快他们就生了一对双胞胎——格里芬和泽维尔;两年后,又生下三胞胎——达米安、撒克逊、凯。可孩子的出生并没有修复两个人日益恶化的关系。

家庭和事业的平衡,对创业者来说是个千古难题,马斯克自然不例外。

马斯克声称:"我的爱,是真爱,却痛彻心肺。"

但《硅谷钢铁侠:马斯克的冒险人生》作者阿什利·万斯一针见血地指出:"在马斯克的人生里,妻子和孩子是配合他人生大戏的配角。他甚至对自己都有强烈的控制欲,热衷超时工作,把工作日程安排到紧迫不堪,强迫自己不断迈上新台阶。"

马斯克一直致力于做"最酷的、改变世界的人",事业永远是他生活的重心,婚姻、爱人、家庭或其他任何情感的牵绊,都只能排在后面。在面对心仪的爱人时,他会将追求对方列入自己的目标,然后倾尽全力去完成,可等结婚后,他就很难再分给爱人过多的注意力,只会把她当成下属一样,分配任务,然后监督。这样的婚姻生活自然难以持久,即便有爱的牵绊。

作为当事人,贾斯汀也说过他们矛盾的根源:"埃隆成长于南非那种以男性为主导的文化背景中,竞争和征服的意志帮助他在商业上获得巨大的成功,回到家中也难以放下这种心智模式。"

和科幻作家贾斯汀离婚

儿子的夭折始终困扰着贾斯汀,除了不停生孩子,贾斯汀还出版了三本小说——《嗜血天使》(Blood Angel)、《不速之客》(Uninvited)、《万军之王》(Lord of Bones),但这些似乎都不管用。加上马斯克的长期精神虐待,贾斯汀患上了抑郁症。

保姆向她介绍了一位理疗师,贾斯汀接受了治疗,渐渐对生活重拾信心。就在这个时候,2008年春天,贾斯汀遭遇了一场严重的车祸。车祸发生的那一刻,她担心的不是自己的身体,而是"丈夫会杀了我"。

这场车祸让贾斯汀警醒,她再也不想做一个唯唯诺诺的花瓶妻子。她坚定地告诉马斯克:"我们的生活必须做出改变。"她不想做富有丈夫生活中的旁观者,她要平等,也要被爱,就像以前他还不是很富有的时候那样爱她。

贾斯汀建议一起去做心理咨询,马斯克同意了。三个疗程过后,马斯克发出了最后通牒:"我们要么今天就解决婚姻问题,要么明天离婚。"他并没有给贾斯汀多少考虑的时间,第二天早晨,就提起离婚诉讼,并且毫不留情地停掉了贾斯汀的信用卡。

对婚姻还没有放弃的贾斯汀,顿时陷入了"木呆"状态。让她觉得绝望的是,马斯克不认为他们的婚姻状况有什么问题,他对他的所作所为毫无反思。

事实上,马斯克只是在家庭和生活之间做出了自己的选择。

当时，他经营着特斯拉和SpaceX两家公司，肩负着数百个员工及其家庭的命运，每天需要处理的问题堆积如山。马斯克将所有心思都放在了工作上，即使回到家里，在贾斯汀看来，他也是人在心不在。贾斯汀渴望他多花时间陪伴她和孩子，但在马斯克看来，她是在胡闹，根本就不理解自己的苦衷。

2008年，特斯拉和SpaceX让马斯克筋疲力尽。因为特斯拉Roadster的交货时间推迟，太空探索技术公司的"猎鹰1号"发射连续失败，四处融资无门，马斯克陷入了最糟糕的状态。要想兼顾好特斯拉、SpaceX和贾斯汀，他真的分身乏术。

在这种情况下，一般人会选择放弃或者暂时搁置混乱的特斯拉和毫无希望的SpaceX，好好修复家庭的裂痕，确保万一事业失败，还有一个温馨的家庭在。但是，马斯克不是一般人，他没有放弃特斯拉，也没有放弃SpaceX，而是放弃了贾斯汀。

当然，做出这个决定的时候，马斯克也不是完全冷酷无情，他只是希望快刀斩乱麻。毕竟，在金融危机爆发的2008年，没人愿意把钱投给特斯拉和SpaceX，他必须去找资金、找出路。

表面上云淡风轻，但实际上他也很后怕。他说过："有一瞬间，我觉得一无所有。"

马斯克的行为，让贾斯汀知道，自己的婚姻根本无法拯救了。两个人对外声称和平分手，但实际上，财产分割的程序就走了两年多。贾斯汀坦言："如果你的对手是埃隆，那么战争会变得非常残酷。"天真的贾斯汀因为草率签署过"婚前协议"，最终只拿到了200万美元和一辆特斯拉电动车。

贾斯汀对这段长达8年的婚姻耿耿于怀了一段时间，但最终原谅了马斯克。贾斯汀离婚后如是说："虽然我和埃隆越来越疏离，但我从来没对这场婚姻后悔过。我曾经也一度愤怒过，为埃隆对我的抛弃，以及我自己的异想天开（我本应该更清醒）。但我始终还是敬佩他那种聪颖睿智的人。"

在网络上，有网友提问："我如何才能变成马斯克一样伟大的人呢？"

贾斯汀冷静地回答说："极致的成功需要极致的个性，通常这样的成功都是需要付出其他的代价的。而且，也并不是每个人都需要这样极致的成功。"

2014年，马斯克访华的时候，贾斯汀和5个儿子也一起来到了中国。离婚后还能够一起远距离出行，足见两个人已经冰释前嫌。

焦头烂额不忘结识新欢

贾斯汀在接受专访时,这样形容 8 年婚姻里的自己:"I Was a Starter Wife"(我是马斯克的"开胃菜妻子")。两个人离婚后,马斯克以"迅雷不及掩耳之势"进入了下一段婚姻。

在与贾斯汀离婚时,SpaceX 发射失败、特斯拉量产失败,外界一片质疑声,可这并没有影响马斯克追求新的恋情。

在与贾斯汀离婚 7 周后,马斯克在英国伦敦一家叫作"威士忌雾"的俱乐部邂逅了妲露拉·莱莉。两个人一见钟情。

妲露拉·莱莉 1985 年 9 月 26 日出生,当时才 23 岁。她曾经在《傲慢与偏见》《新乌龙女校》等电影中饰演过角色。虽然出场的时间很短,但是,凭借着出色的外貌和气质,她总是有一种能力,用几秒钟或者是一两分钟的镜头让观众倍感惊艳。

很多年轻女孩面对马斯克这样成熟多金的大叔可能会矜持或者紧张,可妲露拉·莱莉却非常直白,两人见面,她说的一句话是:"嗨,我叫妲露拉,我不赞成婚前性行为,我想要 10 个孩子。"

惊艳又热情奔放,妲露拉·莱莉一下就吸引了马斯克的目光。交谈之后,马斯克发现,演员这份工作只占了妲露拉·莱莉人生中极小的一部分,同时,她还是很受欢迎的内衣模特。除此之外,她还有一个让人意想不到的身份——物理学家,她是欧洲"大型强子对撞机"实验的主要参与者。马斯克和她聊火箭,她脸上一副波澜不惊,随后,她找机会对"暗物质"发表了一番冗长的评论,马斯克惊为天人,立刻对她展开了热烈的追求。

第二天,他就邀请妲露拉·莱莉共进晚餐。不逛街,逛画廊,约她去酒店看手机里拍摄的"猎鹰1号"和特斯拉的照片。他整宿侃侃而谈自己的火箭和汽车,妲露拉·莱莉听得津津有味。

两人火速发展的恋情遭到了女方父母的反对。妲露拉·莱莉的父亲曾是英国国家打击犯罪小组组长,母亲是一间安保企业的创始人,她的家境虽然不及马斯克,但也属于中上阶层。在了解到马斯克比女儿年长14岁,已经有过一段婚姻并且有5个儿子后,妲露拉·莱莉的父母非常反对两人的交往,但妲露拉·莱莉已经被马斯克迷住了。

一开始,马斯克就明确告诉妲露拉·莱莉:"和我在一起,意味着你选择了一条最艰难的路。"

妲露拉·莱莉很快就明白了他说的意思,她亲眼看到马斯克从亿万富翁如何变成穷光蛋,亲眼看到他从人人夸耀的盛世天才一夜之间变成众矢之的。爱情的力量让妲露拉·莱莉坚定地站在马斯克身边,陪他渡过了一生中最艰难最黑暗的时期。

2010年,在交往两年后,虽然当时马斯克很"穷",已经被特斯拉和SpaceX掏空家底,到了需要借钱周转的地步,但他还是先后买了三枚订婚戒指送给妲露拉·莱莉:一枚用来炫耀的巨型钻戒,一枚日常可戴的素戒和一枚由他亲自设计的镶钻宝石戒指——10颗蓝宝石环绕着钻石的戒指,寓意婚后再生5个女儿,未来能拥有10个孩子。在这样浪漫的攻势下,年轻的妲露拉·莱莉沦陷了。两人幸福成婚。

年轻的妲露拉·莱莉认为自己嫁给了爱情,在接受《君子》杂志采访时,她甚至信誓旦旦地表示婚后为了"增加全球人口和平衡男女比例",自己要给马斯克也生5个孩子。然而结婚后,她发现,自己并不比贾斯汀幸运多少。

婚后初期,马斯克还能保持对爱妻的关怀备至。他特意从拉里·佩奇那里借来私人飞机,带着妲露拉·莱莉度蜜月;晚上在家和员工开会,骂脏话都会压低声调，免得吵到妲露拉·莱莉睡觉。但是这样的贴心没有维持多久，马斯克的"老毛病"就又犯了。

他再次全身心沉浸在工作里，于是就出现了这样的问题：她想见自己的老公先得跟秘书预约时间。同时，她也深刻感受到了丈夫生活上对她极致到几乎变态的控制欲，和贾斯汀相同的待遇，妲露拉·莱莉的发色也从原本的棕色被要求染成了金黄色。

妲露拉·莱莉终于认清了真相：这个像"钢铁侠"的男人，只适合谈一场轰轰烈烈的恋爱，不适合一起过日子。她改变不了这个男人。于是，在6年时间里，他们两次结婚又两次离婚。2012年，妲露拉·莱莉提交离婚申请，最终拿到420万美元分手费。2013年7月，两人复婚。2016年1月2日，两个人又一次离婚，根据婚前协议，马斯克向女方支付1600万美元。

马斯克掌控一切的毛病并没有丝毫的改变，妲露拉·莱莉在婚姻里并没有比贾斯汀好过到哪里。于是，神奇的事情发生了：因为马斯克的缘故，妲露拉·莱莉和贾斯汀竟然成为好朋友。两人很投缘。

贾斯汀这样形描述她们的关系："这就好似一部法国电影，莱莉这样说，我给她发了一份邮件：我宁愿是一部法国电影，两个女人成了很好的朋友，还经常一起思索各种哲学问题。不像美国电影那样，总有一个正面角色和一个反面角色，双方斗得不可开交，而且一个还被另一个扔出了阳台。莱莉对我说，我们就按照法国电影里面的做吧。"

疫情期间迎来第六个儿子

2018年,马斯克在推特上发布了一个笑话,提及了"Rococo"这个概念并作了个双关语,来指代18世纪巴洛克式的风格。他在研究这个笑话的时候,偶然发现了歌手格莱姆斯(Grimes)2015年的"Flesh Without Blood"歌曲视频中就曾出现一个名为"Rococo Basilisk"的角色。于是,马斯克在社交网络上联系格莱姆斯,双方聊了起来。

1988年出生的格莱姆斯,比马斯克小17岁,是一名音乐制作人、歌手。她因为特立独行的装扮、天马行空的创作,被粉丝称为"外星人""女巫"。格莱姆斯曾经说过:"去火星是我的主要目标之一。"

实际上,在音乐方面,她很有才华。2011年,她签约有"独立音乐人的圣殿"之称的4AD唱片公司,所创作的电子音乐不仅赢得了粉丝和业内人士的肯定,还多次登上美国Billboard排行榜,单曲《Oblivion》更是被音乐媒体Pitchfork评选为"世纪最佳歌曲"。《卫报》的乐评人曾恭维她是"世界上最激动人心的音乐人",但她却回复说:"只要碧昂丝还活着,这句话就不是真的。"

另外,格莱姆斯还是一名画家,画画功底很强,她的专辑封面都是自己画的。

个性、独立、有才华,格莱姆斯身上的这些特质,正是马斯克最看重的。很快,两人就对外宣布了男女朋友的关系。

两个人的恋情一直受到外界质疑。在接受《滚石》杂志采访时,格莱姆斯谈到与收入差距有关的问题时说,马斯克不会购买游艇,他会将其财富用于让世界变得更美好,她也不会让他用特斯拉的资金赞助自己的艺术生涯。

"如果说有人将所有资金用于研发,每天早起晚睡,顾不上度假,而是将所有精力都用于自己关心的事情上,将每一分钱都花在让这个世界变得更美好上,马斯克就是这样一个人。我非常钦佩他,认为他很了不起,他与我的三观不冲突。"

听起来,马斯克终于找到了不嫌弃他是个工作狂的伴侣。格莱姆斯不仅不嫌弃他工作时间长,还特别支持他的事业,她利用自己的粉丝流量,多次为他辩解,比如说马斯克从来没有阻止过特斯拉员工参加工会等。再比如,马斯克很反感人工智能泛滥,担心会对人类生活带来隐患,格莱姆斯专门创作了一首歌曲《We Appreciate Power》,来讽刺高通公司的一项人工智能最新成果。

2020年5月4日,也就是科幻迷们常说的"星球大战日",格莱姆斯为马斯克生下了第六个儿子,取名很有特点——"X Æ A-XII",一般人都表示看不懂。格莱姆斯给孩子取名"X Æ",马斯克觉得发音不是很好,就加了"A-12"。不过在加州,法律规定人名中不能包含阿拉伯数字,于是名字最终变成了"X Æ A-XII"。

在X Æ A-XII出生的前一天,马斯克把位于洛杉矶最昂贵地区之一Bel Air的价值4000万美元的两栋房屋挂牌出售。足见对这位"小王子"的重视。

2020年11月18日,马斯克乘坐他的私人飞机降落在瑞典斯卡夫司塔机场,然后去参加一次私人聚会。随后他在社交媒体上表示,自己感染了新冠肺炎病毒。2021年1月8日,格莱姆斯在社交媒体上表示,自己也感染了新冠病毒。正当大家为她们和X Æ A-XII感到担忧的时候,2月7日,马斯克罕见地在社交平台发布了儿子X Æ A-XII的正脸照片,展示了他超级奶爸的一面。照片中的他一手接电话,一手抱儿子,似乎在向前妻们诉说着"工作生活两不误"。马斯克还给照片配文:

"倒数第二个王国。"

女作家、女演员、流行女歌手，马斯克的三个伴侣都非常吸引普通人的注目。在一般人看来，马斯克绝对是个只看外表的人，但回过头来，我们发现，他其实喜欢有才华的漂亮女人。贾斯汀·威尔逊、妲露拉·莱莉、格莱姆斯，这三个走进马斯克生命的女人，她们身上都有共同的特质，外在气质脱俗，内心独立、强大，行事有目标、有野心、有志向，而这种特质恰恰映射了马斯克心目中的自己。

尽管在世人看来，马斯克有些花心，但他本人在接受《滚石》采访时如是说：

> 我一直在寻找一种长期的恋爱关系，而不是在找一夜情；我希望遇见一个认真的伴侣或灵魂伴侣。如果我没有恋爱，如果没有长期伴侣，我就不会快乐。

影视剧中的常客

钢铁侠（Iron Man）是美国漫威漫画旗下的超级英雄，主角名叫"托尼·史塔克"，他有着极高的才能和工程天赋，既是一个发明家又是一个成功的企业家。在一次被恐怖分子绑架后，他打造出了极具破坏力的科技战衣，化身"钢铁侠"，以一个义务警察的身份维护了这个世界的和平。

马斯克是怎么跟钢铁侠发生关系的呢？

2007年初，费弗洛导演准备开拍电影《钢铁侠》时，租用了休斯飞机公司位于洛杉矶的一处场地。休斯公司的创始人，正是另一个商业传奇，即大名鼎鼎的霍华德·休斯，也就是漫画钢铁侠的原型！

据说，钢铁侠的扮演者小罗伯特·唐尼看到年久失修的场地，想起这些建筑承载了一个伟大人物的宏伟创想，不免有些伤感。而此时，有人告诉唐尼，有个叫马斯克的人，能够比肩休斯，并在10公里外建立了属于自己的现代工业王国。与其凭空想象休斯的创业人生，唐尼觉得不如切身体会一下马斯克的人生。

2007年3月，他来到SpaceX位于埃尔塞贡多的总部。在表达了自己的来意后，唐尼没想到，"工作狂人"马斯克对电影拍摄极其感兴趣，他愿意提供各方面的配合，并且还有意向当《钢铁侠》的制作人。

于是，在马斯克本人的陪同下，唐尼参观了SpaceX工厂，然后两人共进午餐。马斯克敞开心扉，畅谈自己的伟大梦想，这些话让唐尼觉得非常符合钢铁侠史塔克的价值观。当唐尼返回《钢铁侠》的拍摄地时，他特别要求费弗洛导演在史塔克的工作室里放一辆特斯拉 Roadster。从表面上看，这辆车意味着史塔克走在潮流尖端并且人脉广阔——因为他能够在开售前就得到一辆 Roadster。

更重要的是，这辆车子被摆放在距离史塔克桌子最近的位置，象征着电影演员、电影角色和马斯克之间的密切联系。最终，电影中一部分镜头选在了 SpaceX 总部空旷的厂区拍摄，在最后的字幕表里，马斯克的名字列在了"特别感谢"那一栏，虚幻的钢铁侠和现实的马斯克就这样结合在一起了。钢铁侠总是经历苦战才能获胜，马斯克的改变人类未来的冒险，同样也在残酷的现实世界里，不断挑战着"不可能的任务"。

《钢铁侠》上映后，随着电影的大卖，马斯克得到了很多媒体的关注，这满足了他的自尊心，同时也带给他很多乐趣。于是，2010 年，《钢铁侠 2》上映，电影中就出现了硅谷现实版钢铁侠马斯克与漫威超级科幻英雄钢铁侠托尼·斯塔克同台争艳的一幕。

在电影中，镜头里已经晋升为总裁的小辣椒佩珀主动和马斯克打招呼，电影里无比高傲的托尼·史塔克先生看见后居然绕过桌子主动走来握手聊天。托尼·史塔克问："埃隆，怎么样现在？那些梅林发动机真是太赞了。"（梅林发动机指的是 SpaceX 研发的猎鹰号重型火箭所需要的发动机。）马斯克与他热情握手，并回复："我有个关于电动飞机的想法。"

这一幕引得电视机前的特斯拉粉丝们尖叫连连。原本众人心目中的"严苛老板"，竟然在电影里客串自黑，人们从这些短暂的镜头里，看到了马斯克童心、风趣的一面。

实际上，马斯克在客串方面一直很积极，他曾出现在《超验骇客》《生活大爆炸》《少年谢尔顿》《辛普森一家》《瑞克和莫蒂》等多部影视剧中，并且，他在影视剧中刻画的人物形象多跟自己的身份有很大的关系，或者与汽车有关，或者与星际探索有关，这些客串让人们了解他的同时，也更加深刻地了解了他的梦想和他的伟大信念。当然，他客串的最大原因是为了给自己的公司做免费的宣传,能帮助事业的机会,任何流量他都不肯放过。

在影视圈混迹,也让他惹上一段绯闻,对象是著名影星约翰尼·德普的前妻艾梅柏·希尔德(Amber Heard)。这位女星担当过影片《狂暴飞车》的女主角,以性感闻名美国,也因周旋于男人之间备受热议,被称为"危险女人"。

马斯克为了追求艾梅柏·希尔德,也开着私人飞机满世界飞,这段感情也上演了"分手—复合—再分手"的戏码。对这段不被看好的感情,马斯克坦言自己付出了真心,最后分手的时候赶上 Model 3 的发布会,马斯克拼尽了全力才掩饰住情绪低落。

小结：强势性格的利与弊

马斯克的强势性格，是其事业成功的助力，但也是其婚姻的"绊脚石"。

强势的人一般都心直口快、性格豪爽、仗义执言，做事雷厉风行，这对于做事业来说，是好事，可以确保个人的办事效率，带动整个团队的工作效率，对于项目的进度有很强的推动力。正是因为性格强势，马斯克才数次带领团队，屡败屡战，把特斯拉和SpaceX带出了一片天。

但是，强势的人在生活中会比较容易以自我为中心，事事争强好胜，盛气凌人，因为自尊心极强，脾气暴躁，让身边的人备受煎熬。

第一任妻子贾斯汀说："埃隆总是以自己的判断来震慑我，不断地向我发难，指责我的不完善。"

第二任妻子妲露拉·莱莉说："他听不进任何人的任何一句话。"

客观地说，马斯克的强势"身不由己"，与原生家庭不无关系。

性格形成原因很复杂，家庭影响因素占很大一部分。父母强势，孩子会模仿。男孩会在潜意识里认同父亲，尽管马斯克很讨厌父亲的不近人情，但他在不自觉中成为父亲一样的人，控制欲极强，让枕边人几乎没有喘息的机会，这导致他前两段婚姻都以失败而告终。

强势的父亲会催生出懦弱的母亲，好在梅耶·马斯克摆脱了那段糟糕的婚姻，及时止损，重新出发，活出了精彩的人生。梅耶·马斯克对马斯克的影响也很大，在寻找伴侣的时候，他潜意识里以母亲为参照：

他要的伴侣必须漂亮、有才且独立。

可以说,天才如马斯克,一生也没有摆脱原生家庭的影响。他在婚姻中犯下了和父亲当年一样的错误,一生都在寻找像母亲一样智慧潇洒的伴侣。幸运的是,马斯克找到了同类人。第三任妻子虽然和他年龄上存在差距,但性格上旗鼓相当,两个特立独行的人结合在一起,也算是一种天作之合。

附录

大事记

1971年6月28日	出生于南非的行政首都比勒陀利亚（又名：茨瓦内）。
1979年	马斯克的父母离婚，他和弟弟跟随父亲埃罗尔·马斯克生活。
1983年	12岁的马斯克成功设计出一个名叫"Blastar"的太空游戏软件，之后以500美元的价格出售给了《PC and Office Technology》杂志，赚到了人生第一笔收入。
1988年	17岁的马斯克从比勒陀利亚男子高中毕业后离开家庭，只身前往加拿大，寄居于母亲亲戚家中。
1989年	马斯克获得加拿大国籍，并于次年申请进入了位于安大略省的皇后大学。在皇后大学的舞会上，马斯克邂逅了他的第一任妻子贾斯汀·威尔逊。
1992年	马斯克依靠奖学金转入美国宾夕法尼亚大学沃顿商学院攻读经济学。在取得经济学学士学位后，又留校一年拿到了物理学学士学位。

1995 年	马斯克进入斯坦福大学攻读材料科学和应用物理博士课程,但在入学后的第 2 天,马斯克决定离开学校开始创业。辍学后,与弟弟金巴尔·马斯克(Kimbal Musk)创办了 Zip2 公司,这是一家为新闻机构开发在线内容出版软件的公司。
1999 年 2 月	美国电脑制造商康柏公司以 3.07 亿美元现金和 3400 万美元股票期权收购 Zip2 公司。马斯克兄弟赚到了人生中的第一桶金,马斯克和金巴尔·马斯克分别获得了 2200 万美元和 1500 万美元。
1999 年 3 月	马斯克投资 1000 万美元,与人创办了在线金融服务和电子邮件支付业务公司"X.com"。
2000 年 1 月	马斯克和贾斯汀·威尔逊结婚。
2000 年 3 月	马斯克将 X.com 公司与彼得·蒂尔和麦克斯·列夫钦创办的 Confinity 公司合并,沿用 X.com 公司的名字。
2000 年 9 月	马斯克在公司内讧中被赶出自己创办的公司。
2001 年 6 月	X.com 更名为 PayPal。
2002 年	马斯克的儿子内瓦达·亚历山大·马斯克因为婴儿猝死综合征意外夭折。
2002 年 6 月	马斯克投资 1 亿美元创办美国太空探索技术公司(SpaceX),出任首席执行官兼首席技术官。

2002年10月	PayPal公司被易贝（eBay）公司以15亿美元全资收购，马斯克作为最大股东，拥有11.7%股权，拿到了1.65亿美元。
2004年	马斯克向马丁·艾伯哈德（Martin Eberhard）创立的特斯拉汽车公司投资630万美元，出任该公司董事长。
2006年	马斯克投资1000万美元与合伙人联合创办了光伏发电企业太阳城公司（Solar City），是公司第一大股东。
2007年	特斯拉公司的首席执行官马丁·艾伯哈德退任，马斯克接任首席执行官。
2008年	金融危机爆发，马斯克也迎来了人生低谷。"猎鹰1号"火箭三次发射都失败了，数千万美元的投入化成爆炸后的大火球。因为研发成本过高，特斯拉也濒临破产。马斯克和贾斯汀·威尔逊离婚。
2010年	特斯拉公司上市，成为1956年以来继福特公司之后上市的唯一一家美国汽车制造企业。马斯克与女演员妲露拉·莱莉结婚。
2011年	SpaceX公司与美国NASA成功签署了一份价值16亿美元的合同，SpaceX将为美国NASA提供12次运输补给任务。
2012年5月31日	马斯克旗下SpaceX公司的"龙飞船"成功与国际空间站对接后返回地球，开启了太空运载的私人运营时代。

2012年12月13日	太阳城公司成功在纳斯达克上市,净募集资金约1.84亿美元。
2013年	马斯克宣布要在整个美国设置超级充电站;公布了设计时速可达1220公里的Hyperloop(超级高铁)的方案。
2014年4月	马斯克首次访华。
2015年6月	马斯克在与其他硅谷科技大亨进行连续对话后,决定共同创建OpenAI——一个不受谷歌或其他任何公司控制的全新人工智能实验室。
2015年12月21日	SpaceX公司的"猎鹰9号"火箭首次实现发射、回收全过程,成为人类第一个可实现一级火箭回收的轨道飞行器。
2016年3月21日	妲露拉·莱莉向洛杉矶高等法院提交了离婚申请,这是两人第三次离婚。
2016年8月	马斯克力排众议,宣布特斯拉以26亿美元(约合179.1亿元人民币)的价格收购太阳城公司。
2016年12月	成立The Boring Company,是一家隧道挖掘公司。
2017年6月1日	在特朗普宣布退出《巴黎气候协定》半小时后,马斯克宣布辞去特朗普顾问委员会的职位。
2017年12月	马斯克登上《彭博商业周刊》"全球50大最具影响力人物"榜单第43位。

2018年5月	福布斯"十大最具影响力CEO"中,马斯克排名第9。
2018年8月	马斯克在推特上称,考虑以每股420美元的价格将特斯拉私有化,且资金已落实到位。9月27日,美国证券交易委员会(SEC)以误导投资人的罪名对他提起诉讼,指控其涉嫌证券欺诈。
2018年10月17日	特斯拉宣布,以10亿元拿下上海临港一块86.5万平方米的工业用地,2019年1月7日,工厂破土动工。
2019年2月25日	美国证券交易委员会(SEC)要求法官以藐视特斯拉与证券交易委员会的和解协议为由扣押马斯克。
2019年7月	微软宣布向OpenAI投资10亿美元,以协助其开发AGI(通用人工智能)平台。
2020年5月4日	马斯克与女友格莱姆斯的第一个孩子降生。
2020年5月30日	下午3时22分,SpaceX公司首次载人试航才发射成功。美国宇航员道格拉斯·赫尔利和罗伯特·本肯搭乘SpaceX的载人"龙飞船",由"猎鹰9"火箭从佛罗里达州肯尼迪航天中心39A发射台升入太空。

2020年8月29日	马斯克为Neuralink举行新品发布会,宣布脑机接口设备已经获得美国食品药品监督管理局的"突破性设备计划"许可,可用作人身实验。
2020年11月6日	特斯拉售卖Tesla Tequila龙舌兰酒,每瓶售价250美元,当时约合人民币1652元。
2020年11月18日	马斯克在到访瑞典后被感染新冠肺炎病毒。
2021年1月9日	福布斯实时富豪榜显示,马斯克的个人资产已达到1897亿美元,超越亚马逊创始人杰夫·贝索斯的1857亿美元,成为世界新首富。
2021年2月19日	在旗下SpaceX完成新一轮融资后,马斯克的净资产增至1999亿美元,再次登顶世界首富。

参考文献

1.《硅谷钢铁侠：马斯克的冒险人生》，（美）阿什利·万斯著，中信出版社，2016年4月

2.《特斯拉传：实现不可能》，（美）阿什利·万斯著，中信出版社，2019年4月

3.《特斯拉之父：马斯克传》，（日）竹内一正著，中信出版社，2015年1月

4.《马斯克与SPACEX的商业传奇》，（加）埃里克·席德豪斯著，机械工业出版社，2015年1月

5.《人生由我：比"硅谷钢铁侠"马斯克更酷的硬核母亲》，（加）梅耶·马斯克著，中信出版社，2020年6月

6.《这个星球不配我死：马斯克传》，邱恒明著，江苏文艺出版社，2020年8月

7.《马斯克：嚼着玻璃，凝视深渊》，李治仪著，世界知识出版社，2019年07月

8.《硅谷颠覆者：马斯克的超人逻辑》，丹鸿著，中国华侨出版社，2019年10月

9.《创新与颠覆：马斯克的跨界传奇》，黄伟芳著，群言出版社，2017年4月

10.《钢铁侠马斯克：凭什么改变未来》，杨士范、吴居叡、郑纬筌著，

中国人民大学出版社，2016 年 03 月

11.《马斯克：颠覆，岂止于特斯拉》，郎为民著，化学工业出版社，2016 年 2 月

12.《马斯克传：乔布斯之后改变世界的人》，陆西著，重庆出版社，2014 年 8 月

13.《下一站火星：马斯克、贝佐斯与太空争夺战》，（美）克里斯蒂安·达文波特著，湖南科技出版社，2019 年 1 月

14.《在火星上退休——伊隆·马斯克传》，（美）亚当·杰弗逊著，上海人民出版社，2015 年 5 月

15.《踏足火星：伊隆·马斯克传》，（美）达米安·达比著，浙江出版集团数字传媒有限公司，2014 年 4 月

16.《能源传：一部人类生存危机史》，（美）理查德·罗兹，人民日报出版社，2020 年 6 月

17.《人类的未来》，（美）加来道雄著，中信出版社，2019 年 6 月

18.《太空移民》，查尔斯·沃尔弗斯、阿曼达·亨德里克斯著，湖南文艺出版社，2019 年 12 月

19.《终极新能源时代：汽车改变生活》，（日）村泽义久著，时代华文书局，2020 年 1 月

20.《中国新能源汽车动力电池产业发展报告（2020）》，中国汽车技术研究中心有限公司、 大连泰星能源有限公司主编，社会科学文献出版社，2020 年 10 月

21.《驯服太阳：太阳能领域正在爆发的新能源革命》,（美）瓦伦·西瓦拉姆著， 机械工业出版社，2020 年 1 月

22.《火星移民指南》,（美）诺伯特·克莱弗特、詹姆斯·卡斯、雷伊·卡斯著， 浙江人民出版社，2017 年 8 月

23.《有限与无限的游戏》,（美）詹姆斯·卡斯著，电子工业出版社，2019 年 6 月

24.《CEO 贝索斯的传奇之路》，吕宁著，北京工业大学出版社 2017 年 4 月

25.《基业长青》，（美）吉姆·柯林斯、杰里·波拉斯著，中信出版社 2019 年 11 月

26.《未来之路》，（美）比尔·盖茨著，北京大学出版社，1996 年 1 月

27.《马斯克：无限的创想与意志的胜利》，三联生活周刊，2013 年 9 月 26 日

28.《马斯克：成功的商人、爱情的 loser》，每日经济新闻，2018 年 8 月 27 日

29.《纽约时报深度采访马斯克：还原真实的钢铁侠》，纽约时报，2018 年 8 月 17 日

30.《8 个月涨 5 倍：特斯拉 2500 亿美元市值是怎么炼成的？》，远川科技评论，2020 年 7 月

31.《乔布斯 VS 马斯克：硅谷精神的两个极端》，创事记，2020 年 6 月

32.《伊隆·马斯克：下一站，火星》，何加盐，2020 年 6 月

33.《特斯拉的超级想象：下一个苹果？》，全天候科技，2020 年 2 月

34.《星链今年第一发：Space X 诞生首枚一箭八飞八回收火箭》，澎湃新闻，2021 年 1 月

后记

行文至此,本书已经画上句号。但是,关于马斯克的创业故事还远未结束。这个硅谷钢铁侠看上去像个永动机一般永不停歇,他的创业脑洞还会继续大开,还会继续带给我们普通人意想不到的神奇体验。可以预想的是,把人类移民到火星还有非常多的意想不到的困难,但相信马斯克团队会不断去克服它们。说不定我们有生之年,拜马斯克所赐,真的可以到火星生活,谁知道呢?无论结果如何,我们都得感谢马斯克,是他让我们对生存有了新的憧憬。

创作这本书的时候,正赶上2020年新型冠状肺炎在全球肆虐,全世界人民深受其苦,马斯克和他的女友也传来感染上病毒的消息,笔者和所有的"拉粉"一样,为他和特斯拉捏把汗。但谁也想不到,特斯拉和SpaceX在这个非常时期,逆势突围,不断传来好消息,特斯拉销量大增,整个2020年全球交付量达到50万辆,股价节节攀升。"龙飞船"载人航天试验成功,人类登上火星的梦想越来越靠谱了。马斯克的身价一年内翻了数倍,成为全球首富,华尔街做空者缴械投降。在令人绝望的2020年,马斯克带来的这些好消息,无疑给人们带来慰藉:无论情况多么糟糕,人类始终都还有希望。

一个读者眼中有一千个哈姆雷特。面对马斯克这样富有争议的企业家,有人说他是大天才,有人说他是大忽悠,怎么写都存在争议。为了尽可能客观、全面、详实地完成这部作品,在写作过程中,笔者查阅并整理了关于马斯克的500多万字的主流财经媒体报道、评论和书籍，包括他的演讲、采访等影音资料，力图尽可能接近事实，还原被神话或误读了的马斯克。在此，笔者要对所有报道和著作的写作者表示诚挚的感谢。尤其是阿什利·万斯的《硅谷钢铁侠：埃隆马斯克的冒险人生》和梅耶·马斯克的自传《人生由我》，对本书写作帮助很大。他们一个是深入采访马斯克的作家，一个是一手把马斯克养大的人。他们的描述，让我们看到了最真实的马斯克。另外，个人的精力毕竟有限，笔者也求助了在媒体和图书馆工作的几位老朋友以及特斯拉上海工厂的两位热心网友，感谢她们的友情支持和帮助。

最后，笔者要特别感谢陈润老师，以及出版团队的各位老师，在他们的监督和帮助下，笔者才按时完成了写作。

当然，由于马斯克投资的领域实在太多，本人所掌握的资料、了解的信息尚且有限，加上写作时间和出版时间仓促，难免有不足之处，敬请读者指正。